WICCA

Guia do Praticante Solitário

SCOTT CUNNINGHAM

WICCA

Guia do Praticante Solitário

Tradução:
Amoris Andrea Valência López

Publicado originalmente em inglês sob o título *Wicca – A Guide For the Solitary Practitioner*, por Llewellyn Publications, Woodburg, MN 55125, EUA,<www.llewellyn.com>.
© 2004, Scott Cunningham.
Direitos de edição e tradução para o Brasil.
Tradução autorizada do inglês.
© 2022, Madras Editora Ltda.

Editor:
Wagner Veneziani Costa (*in memoriam*)

Produção e Capa:
Equipe Técnica Madras

Ilustrações Internas:
Kevin Brown

Tradução:
Amoris Andrea Valência López

Revisão da Tradução:
Bianca Rocha

Revisão:
Silvia Massimini Felix
Neuza Rosa

Dados Internacionais de Catalogação na Publicação (CIP)
(Câmara Brasileira do Livro, SP, Brasil)

Cunningham, Scott Wicca: guia do praticante solitário/Scott Cunningham; tradução Amoris Andrea Valência López. – São Paulo: Madras, 2022.

ISBN 978-85-370-0935-2

Título original: Wiccan: a guide for the solitary practitioner.
Bibliografia
1. Bruxaria 2. Feitiçaria 3. Paganismo 4. Rituais 5. Wicca (Religião) I. Título.

14-10589   CDD-299

Índices para catálogo sistemático:
1. Wicca: Religião   299

É proibida a reprodução total ou parcial desta obra, de qualquer forma ou por qualquer meio eletrônico, mecânico, inclusive por meio de processos xerográficos, incluindo ainda o uso da internet, sem a permissão expressa da Madras Editora, na pessoa de seu editor (Lei nº 9.610, de 19.2.98).

Todos os direitos desta edição, em língua portuguesa, reservados pela

MADRAS EDITORA LTDA.
Rua Paulo Gonçalves, 88 — Santana
CEP: 02403-020 — São Paulo/SP
Caixa Postal: 12183 — CEP: 02013-970
Tel.: (11) 2281-5555 — (11) 98128-7754
www.madras.com.br

Este livro é dedicado às forças que cuidam de nós e nos guiam – independentemente da maneira como possamos imaginá-las ou chamá-las.

Agradecimentos

Para deTraci Regula, Marilee, Juanita, e Mark e Kyri da Roda Prateada, pelos comentários sobre os primeiros rascunhos da obra. Para Morgan, Morgana, Abraham, Barda e todos aqueles que compartilharam seu conhecimento e práticas comigo. A todos os meus amigos da Llewellyn por seus anos de apoio incessante.

Índice

Prefácio 11
Introdução 15

Seção I: Teoria

1. Wicca e Xamanismo 19
2. As Divindades 25
3. Magia 37
4. Instrumentos 45
5. Música, Dança e Gestos 59
6. Rituais e Preparação para Rituais 69
7. O Círculo Mágico e o Altar 79
8. Os Dias de Poder 87
9. A Espiral do Renascimento 95
10. Sobre a Iniciação 101

Seção II: Prática

11. Exercícios e Técnicas Mágicas 107
12. Autodedicação 117
13. Modelo de Rituais 123

Seção III: Livro das Sombras das Pedras Erguidas

Introdução ao *Livro das Sombras das Pedras Erguidas* 143
Palavras para os Sábios 145
Os Festivais Sazonais 161
Ritual dos Gestos 177
Receitas 187
Grimório Herbáceo 193
Magia Wiccana dos Cristais 207
Símbolos e Sinais 213
Magia das Runas 215
Feitiços e Magia 225

Glossário 229
Bibliografia 241
Índice Remissivo 253

Prefácio

Este livro, resultado de 16 anos de experiências práticas e de pesquisas, é um guia básico sobre a teoria e a prática da Wicca. Foi escrito pensando no estudante ou praticante solitário; não contém rituais ou dinâmicas mágicas em grupo.

A Wicca descrita nele é "nova". Não é uma revelação de rituais ancestrais conhecidos há milhares de anos. Porém, isto não o invalida, já que se baseia em práticas consagradas.

Um encantamento conhecido há 3 mil anos não é necessariamente mais poderoso ou eficaz que um encantamento feito no improviso durante um ritual privado. O praticante do ritual ou do feitiço determina seu sucesso.

Se os encantamentos conhecidos há séculos não são nada além de palavras sem sentido para você, a chance de que o ritual não funcione é grande; seria como um metodista presidindo uma cerimônia xintoísta. Para serem eficazes, os rituais devem falar com você.

Para algumas pessoas, os rituais são fundamentais para a Wicca, além de serem bons complementos dentro da sua filosofia e um modo de vida para outras. Dentro da Wicca, como em todas as religiões, os rituais são um meio de comunicação com o divino. O ritual eficaz une o adorador à divindade. O ritual ineficaz destrói a espiritualidade.

Este livro contém rituais, sim, mas estes são orientações, não escrituras sagradas. Eu os escrevi para que os outros, usando-os como guias gerais, pudessem criar seus próprios rituais.

Algumas pessoas podem dizer: "Mas tudo isso é seu. Nós queremos Wicca *de verdade! Conte-nos os segredos!*".

Não existe e nunca poderá existir uma forma "pura", "verdadeira" ou "genuína" de Wicca. Não existem agências, nem líderes físicos, nem profetas ou mensageiros universalmente reconhecidos. Apesar de haver formas específicas e estruturadas dentro da Wicca, elas não estão de acordo com os rituais, com o simbolismo e com a teologia. Por causa desse individualismo saudável, nenhum sistema filosófico ou de rituais surgiu para invalidar os outros.

A Wicca é variada e multifacetada. Como em qualquer religião, a experiência espiritual wiccana somente é compartilhada com a divindade. Este livro serve simplesmente como uma forma, baseada em minhas experiências e nas instruções que recebi, de praticar a Wicca.

Apesar de tê-lo escrito, ele não surgiu do nada. O joalheiro que dá forma às esmeraldas não criou as pedras, nem tampouco o ceramista criou a argila. Tentei apresentar uma mescla dos principais temas e estruturas de rituais da Wicca, não criar uma nova forma, mas apresentar uma forma que permitisse que os outros desenvolvessem suas próprias práticas wiccanas.

Quando comecei a aprender sobre a Wicca, havia poucos livros sobre o assunto, e muito menos os Livros das Sombras.[1] Os rituais wiccanos e os textos mágicos são secretos dentro de muitas tradições da Wicca, e somente há pouco tempo algumas práticas se "tornaram públicas". Por causa disso, alguns wiccanos escreveram livros descrevendo os rituais e os ensinamentos internos da Wicca. As pessoas que já escreveram a respeito e que não faziam parte da Wicca (ou da Bruxaria, como também é conhecida) acabavam passando, para o público, imagens distorcidas e incompletas.

No entanto, pouco tempo após minha iniciação à Wicca, começaram a surgir muitos livros autênticos e realmente informativos. À medida que continuei com meus estudos, tanto independentes quanto sob a supervisão de professores que conheci, comecei a perceber que qualquer pessoa que tentasse aprender e praticar a Wicca por si só a partir de fontes publicadas teria uma visão distorcida a respeito.

A maioria dos escritores wiccanos promove sua própria forma de Wicca. Isto faz sentido: escrever sobre o que se sabe. Infelizmente, muitos

---

1. Ver glossário, página 229, para termos desconhecidos.

desses escritores mais conhecidos compartilham visões semelhantes e, portanto, a maioria dos materiais publicados sobre a Wicca acaba sendo repetitiva.

Além disso, a maior parte desses livros é escrita para um grupo específico dentro da Wicca. Isso se torna um problema para qualquer um que não consiga encontrar um mínimo de quatro ou cinco interessados, pessoas compatíveis que queiram criar uma irmandade. Também acaba sendo um problema para aqueles que desejem uma prática religiosa mais privada.

Talvez meu real motivo para ter escrito este livro – além dos vários pedidos – seja estritamente pessoal. Eu não quero somente apresentar uma alternativa para livros sérios e estruturados, também quero devolver algo pelos ensinamentos que recebi dentro dessa religião contemporânea.

Apesar de às vezes ensinar, e a Wicca sempre chama a atenção do público, prefiro o meio das palavras impressas para compartilhar algumas das coisas que aprendi. Embora nada possa substituir o ensino cara a cara, muitas vezes isso não é prático para todos aqueles que querem aprender a respeito.

E, portanto, há muitos anos, comecei a tomar notas e a criar capítulos para elas, até que eventualmente tudo isso deu forma a este livro. Para evitar ter uma mente fechada (Sybil Leek uma vez disse que era perigoso escrever sobre a própria religião – você está muito próxima dela), tive amigos wiccanos que leram e fizeram comentários sobre os primeiros rascunhos para ter certeza de que a imagem apresentada da Wicca não fosse muito limitada ou dogmática.

Por favor, não me entenda mal. Apesar de querer que este livro seja a fonte de uma compreensão maior, e de uma apreciação da Wicca, não estou sendo proselitista. Como a maioria dos wiccanos, não pretendo mudar suas crenças religiosas e sua espiritualidade; isso não é da minha conta.

No entanto, pelo contínuo interesse em religiões não tradicionais, pela preocupação com a destruição do meio ambiente e pelo amplo interesse pela religião wiccana, espero que este livro possa responder pelo menos a uma das perguntas que mais recebo: "O que é a Wicca?".

Nota linguística

Atualmente existem muitas contradições relacionadas ao significado exato (e original) da palavra "Wicca". Não é minha intenção entrar no tema; porém, acredito não poder usar o termo sem antes explicá-lo. Portanto, a palavra "Wicca" será usada neste livro para descrever tanto a religião (uma religião pagã organizada livremente e centrada na reverência às forças criadoras da Natureza, geralmente simbolizada por uma deusa e um deus) quanto seus praticantes de ambos os sexos. O termo "mago", apesar de às vezes ser usado para descrever o praticante masculino, quase nunca é usado pelos próprios wiccanos; portanto, evitei seu uso. Apesar de algumas pessoas usarem as palavras "wiccano" e "bruxo" quase sempre indistintamente, prefiro a primeira, menos complicada e, portanto, usada quase exclusivamente.

Introdução

A Wicca, a religião das "bruxas", há muito tempo se vê envolta em mistério. Qualquer pessoa que estivesse interessada em aprender "a Arte" tinha de se contentar com dicas encontradas em livros e artigos. Os wiccanos nunca se expunham, a menos que estivessem procurando por novos membros.

Um crescente número de pessoas vem se sentindo insatisfeito com as estruturas religiosas tradicionais. Muitas procuram uma religião com a qual possam se envolver em um nível mais pessoal, uma religião que celebre tanto a realidade física quanto a espiritual, na qual haja sintonia entre a divindade e a prática da magia.

A Wicca é essa religião, centrada na reverência à Natureza vista na Deusa e no Deus. Suas raízes espirituais na Antiguidade, na aceitação da magia e na natureza misteriosa a tornaram especialmente interessante. Até pouco tempo atrás, a falta de informação pública relacionada à Wicca e sua aparente exclusividade causavam muita decepção entre os estudiosos interessados.

A Wicca não procura novos membros. Isso sempre foi um obstáculo para aqueles que desejam aprender seus rituais e os segredos da magia. A Wicca não faz isso porque, ao contrário da maioria das religiões ocidentais, não afirma ser o único caminho que leva à divindade.

Com um crescente número de interessados na prática da Wicca, talvez seja o momento de permitir um maior conhecimento sobre o início da Era de Aquário para esclarecer a prática. Ao fazer isso, não estarei dizendo que a Wicca é a salvação de nosso planeta, mas simplesmente estarei apresentando-a a todos aqueles que queiram aprender.

Já houve muitos obstáculos. No passado, a única forma de fazer parte da Wicca era: a) entrar em contato com alguém que já fosse iniciado, geralmente um membro da irmandade, e b) receber a iniciação. Se você não conhecesse nenhum bruxo, simplesmente não poderia entrar, pois a iniciação era absolutamente necessária.

Hoje, os tempos são outros. Estamos mais maduros, talvez tenhamos amadurecido rápido demais. Nossa tecnologia supera a sabedoria para utilizá-la. A agitação toma conta do mundo, e a ameaça de uma guerra é uma constante para muitos dos mais de 6 bilhões de habitantes do planeta.

A Wicca como religião também está mudando. Isso é necessário se esse interesse não for somente uma curiosidade jovem. Os herdeiros da Wicca devem defender com firmeza sua religião para ter algo a oferecer para as gerações futuras.

Já que chegamos ao ponto em que um contratempo poderia acabar com o nosso planeta, nunca houve um melhor momento para a Wicca, como uma religião que reverencia à Natureza, mostrar o que tem a oferecer.

Este livro rompe muitas convenções relacionadas à Wicca. Ele foi estruturado de modo a que qualquer um, em qualquer lugar do mundo, possa praticá-la. Não são necessárias iniciações. Ele foi escrito para o praticante solitário, já que encontrar outras pessoas com os mesmos interesses é difícil, principalmente em áreas rurais.

A Wicca é uma religião alegre, vinda de nossa familiaridade com a Natureza. É uma união com as deusas e os deuses, com as energias do Universo que criaram tudo o que existe hoje. É uma celebração pessoal e positiva à vida.

E agora se encontra disponível a todos.

Seção I
Teoria

1
Wicca e Xamanismo

O xamanismo foi definido como a primeira religião. Ele já existia antes das antigas civilizações existirem, antes que nossos ancestrais dessem os primeiros passos da longa jornada até o presente. Antes desse tempo, os xamãs eram os curandeiros, os feiticeiros, homens e mulheres. Eles criaram a magia e falavam com os espíritos da Natureza.

Os xamãs foram os primeiros humanos a terem o conhecimento. Eles criavam, descobriam, cuidavam e usavam todos os seus conhecimentos. Conhecimento é poder; os homens e as mulheres que o possuíam naquela época distante eram os xamãs.

Como os xamãs sentiam ou descobriam esse poder? Através do êxtase – estados alternados de consciência nos quais entravam em comunhão com as forças do Universo. Os primeiros xamãs alcançavam esse estado utilizando "ferramentas" como jejuns, sede, autoinflicção de dor, ingestão de substâncias alucinógenas, concentração, entre outras. Uma vez dominadas essas técnicas, eles conseguiam obter a consciência necessária dos outros mundos não físicos.

Por meio dessas "mudanças de consciência", todo o conhecimento sobre a magia foi obtido. Esses encontros com espíritos e divindades, esse conhecimento sobre as plantas e os animais, tudo isso revelou novas perspectivas de aprendizado. Entre eles mesmos, os xamãs sempre compartilhavam um pouco de seu conhecimento; porém, muito do que conheciam era reservado para uso pessoal. A tradição xamânica nunca foi feita para a exibição pública.

Mais tarde, os xamãs foram evoluindo no uso das ferramentas que facilitavam essas mudanças de consciência, marcando a chegada do ritual mágico. Os xamãs existentes em todo o mundo ainda usam instrumentos como tambores, chocalhos, objetos refletores, música, cantos e dança. De fato, os ritos xamânicos mais eficazes são aqueles que utilizam tanto ferramentas naturais quanto artificiais – o sopro do vento, o som do mar, a luz cintilante do fogo, a batida rítmica dos tambores, o barulho dos chocalhos. Tudo isso, combinado com a escuridão e com os cantos, eventualmente sobrecarrega os sentidos, forçando uma mudança de consciência do mundo físico para o vasto campo das energias. Esses rituais xamânicos existem até hoje.

A partir desse início primitivo surgiram todas as magias e religiões, incluindo a Wicca. Apesar da atual controvérsia que cerca a "antiguidade" da Wicca, espiritualmente ela provém de tais rituais. Apesar de mais refinada e modificada para nosso mundo, a Wicca ainda toca nossas almas e causa êxtase – mudanças de consciência –, unindo-nos à divindade. Muitas das técnicas usadas na Wicca têm origem xamânica.

A Wicca, portanto, pode ser descrita como uma religião xamânica. E, tal como o xamanismo, somente alguns poucos se sentem compelidos a entrar em seu círculo de luz.

Hoje, a Wicca abandonou as provações de dor e o uso de alucinógenos e começou a utilizar cantos, meditação, concentração, visualização, música, dança, invocação e encenação ritualística. Com essas ferramentas espirituais, a Wicca alcança um estado de consciência ritualística similar ao estado obtido por aqueles que ainda praticam as provações mais brutais do xamanismo.

Eu usei o termo "estados alternados de consciência" de propósito. Esses estados modificados de consciência não são não naturais; porém, são um desvio da consciência desperta "normal". A Wicca ensina que a natureza inclui uma ampla gama de espectros de estados mentais e espirituais desconhecidos pela maioria das pessoas. O ritual wiccano eficaz nos permite alcançar tais estados, permitindo a comunicação e a comunhão com a Deusa e o Deus.

Diferentemente de algumas religiões, a Wicca não enxerga a divindade como distante. A Deusa e o Deus estão dentro de nós e se manifestam na Natureza. Esta é a ideia universal: não há nada que não seja divino.

O estudo do xamanismo revela muitas das experiências mágicas e religiosas principais em geral, e revela a Wicca em particular (ver bibliografia de livros recomendados, página 241). Com o ritual usado como meio de alcançar a consciência ritualística, o xamã ou wiccano constantemente aumenta seu conhecimento, e conhecimento é poder. A Wicca ajuda seus praticantes a compreenderem o Universo e nosso lugar dentro dele.

No momento atual, a Wicca é uma religião com muitas variações. Por ser um sistema pessoalmente estruturado, aqui neste livro eu somente posso falar dela de modo geral, sobre sua crença e forma, com base na minha experiência e no meu conhecimento, para criar uma imagem da natureza da Wicca.

A Wicca, assim como muitas outras religiões, reconhece a divindade como sendo duas. Ela venera tanto a Deusa quanto o Deus. Eles são iguais, carinhosos e amorosos, não estão distantes nem moram no "céu", mas estão onipresentes no Universo.

A Wicca também ensina que o mundo físico faz parte de uma entre muitas realidades. O mundo físico não é a expressão absoluta principal, nem tampouco o mundo espiritual é "mais puro" que a base. A única diferença entre o mundo físico e o espiritual é que o primeiro é mais denso.

Assim como nas religiões orientais, a Wicca também abraça a doutrina da reencarnação, tema tão mal compreendido. No entanto, diferentemente de algumas filosofias orientais, a Wicca não ensina que após a morte física nossas almas reencarnem em algo que não seja um corpo humano. Além disso, alguns de seus seguidores acreditam que começamos nossa existência como pedras, árvores, caracóis ou pássaros antes de evoluirmos até o ponto em que pudemos encarnar como seres humanos. Apesar de essas criaturas e substâncias possuírem um tipo de alma, não é o mesmo tipo de alma que nós, os humanos, temos.

A reencarnação é aceita como fato por milhões de pessoas tanto no Oriente quanto no Ocidente. Ela responde a muitas perguntas: o que acontece após a morte? Por que parece que nos lembramos de coisas que nunca fizemos nesta vida? Por que às vezes nos sentimos estranhamente atraídos por lugares ou pessoas que nunca vimos antes?

Certamente, a reencarnação não pode responder a todas essas perguntas; porém, ela existe para aqueles que desejam estudá-la. Não se deve acreditar nela. Por meio da contemplação, da meditação e da autoanálise, muitos chegam à conclusão de que a reencarnação seja um fato. Para mais informações a respeito do tema, veja o capítulo 9, "A Espiral do Renascimento".

O ideal wiccano de moralidade é simples: faça o que quiser, desde que não prejudique ninguém. Essa regra contém outra condição não escrita: não faça nada que possa prejudicar a si mesmo. Assim, se como seguidor da Wicca você abusar de seu corpo, negar-lhe as necessidades da vida ou, de qualquer outra forma, se prejudicar, estará violando esse princípio.

Não se trata apenas de sobrevivência. Isso também lhe assegura estar em boas condições para preservar e melhorar nosso mundo, já que a preocupação e o amor por nosso planeta são as regras principais dentro da Wicca.

A Wicca é uma religião que faz uso da magia. Essa é uma das principais características dela. Magia religiosa? Isso não é tão estranho quanto possa parecer. Os padres católicos utilizam a "magia" para transformar um pedaço de pão no corpo de um "salvador" morto há muito tempo. A oração – uma ferramenta comum em muitas religiões – é simplesmente uma forma de concentração e comunicação com a divindade. Se a concentração durar muito tempo, as energias serão enviadas por meio dos pensamentos que podem, com o tempo, responder os pedidos da oração. A oração é uma forma de magia religiosa.

A magia é a prática da movimentação das energias naturais (apesar de pouco compreendidas) para efetuar mudanças necessárias. Na

Wicca, a magia é usada como uma ferramenta para santificar locais de rituais e melhorar a nós mesmos e o mundo em que vivemos.

Muitos confundem a Wicca e a magia como se as duas palavras fossem sinônimas. A Wicca é uma religião que abraça a magia. Se você quiser somente praticar magia, a Wicca provavelmente não é a resposta para você.

Outro ponto fundamental: a magia não é uma forma de forçar a natureza a fazer o que você quer. Essa é uma ideia completamente errada, estimulada pela crença de que a magia seja, de alguma forma, sobrenatural, como se tudo o que existisse pudesse ser algo fora dos padrões da natureza. *A magia é natural.* Ela é um movimento harmonioso de energias que acabam criando mudanças necessárias. Se você quiser praticar a magia, todas as ideias de que ela seja paranormal ou sobrenatural devem ser esquecidas.

A maioria dos wiccanos não acredita em predestinação. Apesar de honrarmos e venerarmos a Deusa e o Deus, nós sabemos que somos almas livres, com o total controle e responsabilidade por nossas vidas. Nós não podemos apontar para uma imagem de um deus mau, como Satã, e culpá-lo por nossos erros e fraquezas. Nós podemos culpar o destino. A cada segundo de todos os dias, criamos nosso futuro, formando o caminho de nossas vidas. Quando um wiccano se responsabiliza por tudo o que já fez (nesta vida e nas vidas passadas) e determina que suas futuras ações estarão de acordo com os mais altos ideais e metas, a magia surgirá e a vida será uma alegria.

Esta talvez seja a principal meta da Wicca – uma união harmoniosa com a Natureza. A Terra é uma manifestação da energia divina. Os templos da Wicca são campos floridos, florestas, praias e desertos. Quando um praticante da Wicca se encontra ao ar livre, ele, na verdade, está cercado pela santidade, assim como um cristão se sente quando entra em uma igreja ou em uma catedral.

Além disso, toda a Natureza sempre fala conosco e, nos conta seus segredos. Os wiccanos ouvem a Terra. Eles não ignoram as lições que ela tenta desesperadamente nos ensinar. Quando perdemos o contato com nosso abençoado planeta, perdemos o contato com a divindade.

Estes são alguns dos princípios básicos da Wicca. Eles são a verdadeira Wicca; os rituais e os mitos são pontos secundários a esses ideais e servem para celebrá-los.

O *Livro das Sombras das Pedras Erguidas* (livro de rituais) incluído na seção III é um guia para que você possa criar seu próprio ritual. Como esses rituais são somente exteriores, você não precisa estar preso a eles. Mude os rituais conforme seu estado de espírito. Contanto que o ritual o coloque em sintonia com as divindades, tudo estará bem.

Não se feche ao mundo físico em favor do mundo espiritual ou mágico, porque somente através da Natureza nós podemos experimentar essas realidades. Todos nós estamos na Terra por um motivo. Entretanto, use os rituais para melhorar sua consciência e realmente se conectar com toda a criação.

O caminho está aberto. A Deusa e o Deus antigos esperam dentro de você e ao seu redor. Que eles o abençoem com sabedoria e poder.

2
As Divindades

Todas as religiões são estruturas construídas com base na reverência às divindades. A Wicca não é exceção. Ela reconhece o poder supremo divino, irreconhecível, máximo, o poder que deu origem a todo o Universo.

O conceito desse poder, que vai muito além da nossa compreensão, quase se perdeu na Wicca por causa de nossa dificuldade em nos relacionarmos com ele. No entanto, os wiccanos se conectam com essa força através de suas divindades. De acordo com os princípios da Natureza, o poder supremo foi personificado em dois seres básicos: a Deusa e o Deus.

Toda divindade venerada no planeta existe com o arquétipo do Deus e da Deusa. Os complexos panteões de divindades que surgiram em muitas partes do mundo são simplesmente aspectos dos dois. Toda deusa reside no conceito da Deusa; todo deus, no conceito de Deus.

A Wicca reverencia essas divindades gêmeas por causa de suas ligações com a Natureza. Assim como a maior parte da Natureza (mas certamente não toda) se divide em gêneros, as divindades que a incorporam são concebidas de forma similar.

No passado, quando a Deusa e o Deus eram tão reais quanto a lua e o sol, os rituais de veneração e adoração eram desestruturados – uma união espontânea e alegre com o divino. Mais tarde, os rituais seguiram o curso do sol através de seu ano astronômico (e, assim, o curso das estações), bem como o curso das fases da lua.

Hoje em dia, são observados rituais semelhantes por parte dos seguidores da Wicca, e suas práticas regulares criam uma verdadeira proximidade mágica com essas divindades e com seus poderes.

Felizmente, não precisamos esperar por rituais para sermos lembrados da presença divina. A visão de um florescimento perfeito em um campo de terra árida pode incutir sentimentos que competem com aqueles do rito formal mais poderoso. Viver na Natureza torna cada momento um ritual. Os wiccanos se sentem muito bem ao se comunicar com os animais, com as plantas e com as árvores. Eles sentem a energia que vem das pedras e da areia, e conseguem ouvir a voz dos fósseis falando sobre o início de tudo. Para alguns wiccanos, observar o nascer e o pôr do sol e da lua todos os dias é um ritual por si só, porque esses são os símbolos divinos do Deus e da Deusa.

Uma vez que a Wicca enxerga a divindade como algo inerente à Natureza, muitos de nós estamos envolvidos com a ecologia – salvando a Terra da destruição total por nossas próprias mãos. A Deusa e o Deus ainda existem, como eles sempre existiram, e para honrá-los nós honramos e preservamos nosso precioso planeta.

Dentro do pensamento wiccano, as divindades não existiam antes que nossos ancestrais espirituais tivessem o conhecimento delas. No entanto, as *energias* por trás delas sim; essas energias nos criaram. Os primeiros seguidores reconheceram essas forças como sendo a Deusa e o Deus, personificando-os em uma tentativa de compreendê-los.

Os Anciãos não morreram quando as religiões pagãs ancestrais sucumbiram ao Cristianismo na Europa. A maioria dos rituais desapareceu; porém, eles não eram os únicos mais importantes. A Wicca está viva e bem, e as divindades respondem aos nossos chamados e invocações.

Quando a Deusa e o Deus foram reconhecidos, muitos dos wiccanos os enxergavam como divindades bem conhecidas de antigas religiões. Diana, Pã, Ísis, Hermes, Hina, Tamuz, Hécate, Ishtar, Ceridwen, Tot, Tara, Aradia, Ártemis, Pele, Apolo, Kanaloa, Brígida, Hélio, Bran, Lug, Hera, Cibele, Inanna, Maui, Ea, Atena, Lono, Marduque – a lista é praticamente infinita. Muitas dessas divindades, com suas histórias, rituais e informações míticas correspondentes, criaram o conceito de divindade para os wiccanos.

Alguns se sentem confortáveis em associar esses nomes e figuras à Deusa e ao Deus, sentindo que nunca poderiam venerar divindades sem nome. Outros acham que a falta de nomes e de caracterizações seja uma falta de limites bem reconfortante.

Como dito anteriormente, a Wicca, como apresentada neste livro, é "nova", apesar de ter sido criada a partir de rituais e mitos já estabelecidos, firmemente enraizada em antigos sentimentos religiosos que a Natureza fez questão de soprar em nossa espécie. Nesses rituais, eu usei as palavras "o Deus" e "a Deusa" em vez de usar nomes específicos como Diana e Pã. Qualquer pessoa que tenha uma afinidade especial com divindades em particular deve se sentir livre para adaptar os rituais encontrados na seção III: *Livro das Sombras das Pedras Erguidas*, a fim de incluí-las.

Se você nunca estudou as religiões politeístas orientais ou se nunca desenvolveu uma sintonia com divindades diferentes daquelas conhecidas em sua criação, comece a aceitar esta premissa (mesmo que por um momento): a divindade é dupla, consistindo na Deusa e no Deus.

Essas divindades receberam tantos nomes que já foram chamadas de os Sem-Nome. Na aparência, elas são exatamente como nós desejamos que sejam, já que todas elas são as divindades que sempre foram. A Deusa e o Deus são todo-poderosos por serem os criadores de toda a existência manifestada e não manifestada. Nós podemos nos comunicar e nos contatar com eles, porque uma parte de nós encontra-se neles e eles estão dentro de nós.

A Deusa e o Deus são iguais; nenhum dos dois é maior que o outro ou merece mais respeito que o outro. Apesar de alguns praticantes da Wicca focarem seus rituais na Deusa e parecerem esquecer por completo o Deus, esta é uma reação a séculos de religiões patriarcais sufocantes, e à perda de reconhecimento do aspecto feminino da divindade. No entanto, uma religião baseada totalmente na energia feminina é tão desequilibrada e não natural quanto uma religião totalmente focada na energia masculina. O ideal é encontrar um equilíbrio perfeito entre as duas energias. A Deusa e o Deus são iguais, eles se completam.

A Deusa

A Deusa é a mãe universal. Ela é a fonte da fertilidade, da sabedoria infinita e do cuidado amoroso. Geralmente é representada, pelos wiccanos, de três formas: a donzela, a mãe e a anciã, simbolizadas pela lua crescente, pela lua cheia e pela lua minguante. Ela é, ao mesmo tempo, o campo virgem, a colheita completa e a terra dormente, coberta de geada. Ela dá à luz a abundância. Mas, como a vida é o seu presente, ela a empresta com a promessa da morte. Isso não simboliza a escuridão e o esquecimento, mas o descanso dos esforços da existência física. É a existência humana entre as encarnações.

Já que a Deusa representa a Natureza, toda a Natureza, ela é tanto a sedutora quanto a anciã; o tornado e a doce chuva da primavera; o berço e a sepultura.

Porém, apesar de ela possuir as duas naturezas, a Wicca a venera como a provedora da fertilidade, do amor e da abundância, além, é claro, de reconhecer o seu lado mais obscuro. Nós a vemos na lua, e a sentimos no silêncio, no mar e no verde que surge na primavera. Ela é a encarnação da fertilidade e do amor.

A Deusa é conhecida como a Rainha do Céu, a Mãe dos Deuses que Criaram os Deuses, a Fonte Divina, a Matriz Universal, a Grande Mãe, e por outros inúmeros títulos.

São utilizados muitos símbolos na Wicca para honrá-la, como o caldeirão, a taça, o *labrys*, as flores de cinco pétalas, o espelho, o colar, as conchas, a pérola, a prata e a esmeralda... só para mencionar alguns.

Como ela domina a terra, o mar e a lua, suas criaturas são variadas e são muitas. Entre elas estão o coelho, o urso, a coruja, o gato, o cachorro, o morcego, o ganso, a vaca, o golfinho, o leão, o cavalo, a cambaxirra, o escorpião, a aranha e a abelha. Todas essas criaturas são sagradas para a Deusa.

A Deusa tem sido descrita como uma caçadora junto aos seus cães de caça; uma divindade celestial que caminha pelo céu deixando um rastro de estrelas por onde passa; a Mãe eterna que carrega o filho; a tecelã de nossas vidas e mortes; uma anciã que caminha pela luz da lua minguante à procura do fraco e do desesperado, entre outras imagens. Porém, não importa como a enxergamos, ela é onipresente, imutável, eterna.

O Deus

O Deus tem sido venerado por eras. Ele não é a divindade severa e todo-poderosa do Cristianismo e do Judaísmo, nem tampouco simplesmente o consorte da Deusa. O Deus ou a Deusa são iguais, um só.

Nós vemos o Deus no sol, brilhando forte durante o dia, nascendo e se pondo no ciclo infinito que rege nossas vidas. Sem o sol, nossa existência seria impossível; portanto, ele tem sido reverenciado como a fonte de toda a vida, o calor que dá vida às sementes dormentes e acelera a fertilização da terra após a neve do inverno.

O Deus é também sensível aos animais selvagens. Como o Deus cornífero, ele às vezes é visto com chifres em sua cabeça, que simbolizam sua conexão com essas feras. Antigamente, a caça era uma das atividades que se pensava ser dominada pelo Deus, enquanto que a domesticação fazia parte do trabalho da Deusa.

Os domínios do Deus incluem as florestas intocadas pelos homens, os desertos mais secos e as grandes montanhas. As estrelas, já que são consideradas sóis distantes, às vezes podem ser consideradas também sob seu domínio.

O ciclo anual de plantação, maturação e colheita há muito tempo está associado ao sol; portanto, os festivais em homenagem a ele feitos na Europa (mais adiante no capítulo 8, "Os Dias de Poder", página 87) ainda acontecem dentro da Wicca.

O Deus é a colheita completamente amadurecida, o vinho intoxicante extraído das uvas, o grão dourado que brilha em um campo isolado, as maçãs suculentas penduradas em galhos verdes nas tardes de outubro.

Com a Deusa, ele também celebra e comanda o sexo. A Wicca não evita o sexo nem se esquiva sobre o assunto. Ele faz parte da Natureza e é aceito como tal. Já que traz prazer, faz-nos esquecer a vida cotidiana e perpetua nossa espécie, é considerado sagrado. O Deus lascivamente nos inspira o desejo que assegura o futuro biológico de nossa espécie.

Os símbolos usados geralmente para retratar ou venerar o Deus incluem a espada, os chifres, a lança, a vela, o ouro, o cobre, o diamante, a foice, a flecha, a varinha mágica, o tridente, o punhal, entre outros. As criaturas sagradas para ele incluem o touro, o cão, a cobra, o peixe, o veado, o dragão, o lobo, o javali, a águia, o falcão, o tubarão, o lagarto, e muitos outros.

Para os antigos, o Deus era o Pai do Céu, e a Deusa, a Mãe Terra. O Deus do céu, da chuva e dos raios desceu e se uniu à Deusa, espalhando sementes pela terra, celebrando a fertilidade dela.

Hoje as divindades da Wicca ainda estão firmemente associadas à fertilidade; porém, cada aspecto da existência humana pode ser ligado à Deusa e ao Deus. Eles podem ser chamados para nos ajudar em momentos de dificuldades e trazer alegria para nossas vidas geralmente desprovidas de espiritualidade.

Isso não significa que devamos despejar nossos problemas nas mãos da Deusa. Isso seria uma desculpa para evitar ter de lidar com os problemas que surgem ao longo da vida. Como wiccanos, no entanto, nós podemos chamar a Deusa e o Deus para nos acalmarem e *nos ajudarem a nos ajudar*. A magia é um excelente meio de alcançar essa ajuda. Após entrar em contato com a Deusa e com o Deus, os wiccanos pedem sua ajuda durante o ritual mágico que geralmente se segue.

Além disso, a Deusa e o Deus podem nos ajudar a mudar nossa vida. Como as divindades *são* as forças criadoras do Universo (não são somente símbolos), nós podemos chamá-las para fortalecerem nossos rituais e abençoarem nossa magia. Novamente, isso vem em direta oposição à maioria das religiões. O poder está nas mãos de cada praticante, não em sacerdotes ou sacerdotisas especializados que realizam essas cerimônias para as massas. Isso é o que faz da Wicca um verdadeiro estilo de vida satisfatório. Nós temos uma conexão direta com as divindades. Não existem intermediários; não existem padres ou confessores ou xamãs. *Nós somos os xamãs.*

Para desenvolver uma sintonia com a Deusa e com o Deus, uma necessidade para aqueles que desejam praticar a Wicca, você talvez queira seguir estes simples rituais.

À noite, fique em pé ou sente-se de frente para a lua, se ela estiver visível. Se não, imagine a lua mais cheia que você já viu, emitindo um brilho de cor branca prateada na escuridão, diretamente acima ou diante de você.

Sinta o brilho suave da lua penetrando em sua pele. Perceba-o tocando-o e se misturando às suas próprias energias, mesclando-se e formando novos padrões.

Veja a Deusa na forma que quiser vê-la. Chame por ela, entoando nomes antigos, se quiser: Diana, Lucina, Selena (pronunciando-os da seguinte forma: Dee-AH-nah, Loo-CHEE-nah, Say-LEE-nah). Abra seu coração e sua mente à energia da Deusa manifestada através da luz da lua.

Repita todo esse processo diariamente durante uma semana, de preferência no mesmo horário todas as noites.

Juntamente com esse exercício, conecte-se com o Deus. Após acordar de manhã, não importa o horário, fique em pé diante do sol (através de uma janela, se necessário; do lado de fora, se possível) e absorva sua energia. Pense no Deus. Visualize-o como quiser. Pode ser como um guerreiro poderoso e forte, com uma lança em uma das mãos, a outra embalando uma criança ou carregando um cacho de uvas ainda úmido pelo orvalho.

Talvez queira invocá-lo entoando seus nomes, como Cernuno, Osíris, Apolo (Care-NOON-nos, Oh-SIGH-ris, Ah-PALL-low), assim como o faria com a Deusa.

Se não quiser visualizar o Deus (já que a visualização pode limitar os poderes), simplesmente se conecte com as energias que vêm do sol. Mesmo se o céu estiver nublado, as energias do Deus ainda chegarão até você. Sinta-as com toda a sua imaginação mágica (ver capítulo 11, "Exercícios e Técnicas Mágicas", página 107).

Não deixe nenhum pensamento além daqueles sobre o Deus perturbar sua concentração. Alcance seus sentimentos; abra sua consciência para coisas maiores. Chame o Deus usando todas as palavras que quiser. Expresse seu desejo de se sintonizar com ele.

Pratique esses exercícios diariamente por uma semana. Se quiser explorar os conceitos da Deusa e do Deus, leia livros de mitologia de qualquer país do mundo. Leia sobre os mitos; porém, procure suas verdadeiras histórias. Quanto mais ler, mais informações você terá; e, eventualmente, essas informações se transformarão em um conhecimento não estruturado, mas extremamente complexo em relação às divindades. Em outras palavras, você começará a conhecê-las.

Se, após sete dias, você sentir necessidade (ou desejo), continue esses exercícios até se sentir confortável com a Deusa e com o Deus. Eles sempre estiveram dentro de nós e ao nosso lado, o tempo todo; é necessário somente nos abrirmos para essa consciência. Este é um dos segredos da Wicca – a divindade mora dentro de nós.

Em sua busca para conhecer os deuses, faça longas caminhadas onde haja muitas árvores. Estude as flores e as plantas. Visite locais selvagens e naturais e sinta as energias da Deusa e do Deus – através do som de riachos, do ritmo da energia que vem de um antigo tronco de carvalho, do calor do sol que se sente em uma rocha. Familiarizar-se com a existência das divindades é mais fácil por meio de contatos reais com essas fontes de energia.

Em seguida, quando tiver alcançado esse estado, poderá querer erguer um santuário ou altar temporário ou permanente para as divindades. Esse altar pode ser apenas uma pequena mesa, com duas velas, um queimador de incenso e um prato ou tigela para colocar as oferendas de flores, frutas, grãos, sementes, vinho ou leite. Coloque as duas velas em seus apoios na parte posterior do santuário. A vela à esquerda representa a Deusa; a vela à direita, o Deus. As cores usadas geralmente para distinguir as divindades são: uma vela vermelha para o Deus e uma vela verde para honrar a Deusa. Essas cores servem de associação com a Natureza dentro da Wicca, porque tanto o verde quanto o vermelho são cores consideradas mágicas desde os primórdios, ligadas à vida e à morte. Outras cores também podem ser usadas – o amarelo ou o dourado servem para honrar o Deus e o branco ou prateado para honrar a Deusa.

Diante dessas velas e entre elas, coloque o queimador de incenso, e na frente dele coloque o prato ou a tigela de oferenda. Pode-se colocar também um vaso com flores da estação, assim como qualquer objeto pessoal de poder, como cristais, minerais e ervas secas.

Para dar início a um ritual simples em honra aos Deuses em seu santuário, fique em pé diante dele segurando algum tipo de oferenda nas mãos. Acenda as velas e o incenso, coloque a oferenda na tigela ou no prato e diga o seguinte:

> *Senhora da lua, do mar inquieto e da terra verdejante,*
> *senhor do sol e das criaturas selvagens,*
> *aceitem esta oferenda que coloco aqui em vossa honra.*
> *Concedam-me a sabedoria para sentir as vossas presenças em toda a Natureza,*
> *ó Grandes!*

Vela da Deusa	Flores	Vela do Deus
	Incensário	
	Prato de oferendas	

Disposição do altar

Depois, sente-se ou fique em pé por alguns minutos contemplando as divindades e sua relação crescente com elas. Sinta-as dentro de você e ao seu redor. Em seguida, apague as chamas (use seus dedos, um apagador de velas ou a lâmina de um punhal. Assoprá-las seria uma afronta ao elemento[2] fogo). Permita que o incenso queime sozinho, e continue seu dia normalmente.

Se quiser, vá até o altar uma vez por dia em uma hora específica. Isso pode ser ao acordar, antes de dormir ou após o almoço. Acenda as velas, sintonize-se e entre em comunhão com a Deusa e com o Deus. Isso não é necessário, mas o ritmo constante estabelecido por esse ciclo é bom e melhorará sua relação com as divindades.

Retorne as oferendas deixadas no altar à terra ao fim de cada dia ou quando for deixar mais oferendas.

---
2. Ver glossário, página 229.

Se você não puder montar um altar permanente, faça-o sempre que sentir a necessidade de usá-lo, e depois guarde tudo novamente. Faça da disposição dos objetos no altar uma parte do ritual.

Esse simples ritual oculta seus poderes. A Deusa e o Deus são entidades reais, viáveis, detentoras da força que criou o Universo. Ao nos sintonizarmos com eles, mudaremos para sempre. Essa sintonia também nos traz uma nova esperança para nosso planeta e para nossa existência contínua.

Se esse ritual for muito formal para você, modifique-o ou escreva seu próprio ritual. Este é o objetivo principal deste livro: faça-o do seu jeito, não siga meu jeito simplesmente porque o escrevi no papel. Eu jamais poderia colocar meus pés nas pegadas de outra pessoa. Não existe uma forma certa e única dentro da Wicca; esse pensamento pertence às religiões monoteístas que se tornaram, predominantemente, instituições políticas e comerciais.

Descobrir as divindades da Wicca é uma experiência sem fim. Elas constantemente se revelam. Como dizem os xamãs: "Fique atento". Toda a Natureza nos canta seus segredos. A Deusa retira constantemente seu véu; o Deus nos ilumina com sua inspiração e seu esclarecimento. Nós simplesmente não percebemos.

Não se importe com o que os outros podem pensar se souberem que você está tentando entrar em sintonia com uma Deusa de 20 mil anos. Os sentimentos e pensamentos dessas pessoas relacionados à sua religião não devem ter importância. Se sentir a necessidade de esconder suas experiências dos demais, faça-o, não por medo ou vergonha, mas porque todos nós escolhemos diferentes caminhos a seguir. Nem todos se reconhecem na Wicca.

Existem pessoas que dizem que nós (e todos aqueles que não seguem seus rituais ou que abraçam sua crença) veneramos Satã. Não que saibamos, é claro; Satã é muito traiçoeiro para isso, de acordo com esses especialistas.

Essas pessoas não conseguem acreditar que outras religiões, além da delas, podem ser importantes, realizadoras e verdadeiras para seus adeptos. Portanto, se veneramos o Deus e a Deusa, elas dizem que estamos negando tudo o que é bom e que estamos venerando Satã, a encarnação de tudo o que é negativo e mau.

Os wiccanos não têm a mente tão fechada. Talvez seja a maior de todas as vaidades humanas supor que a própria religião seja o único caminho verdadeiro que leva à divindade. Essa crença já causou massacres incalculáveis e o surgimento do terrível conceito das guerras santas.

A base dessa concepção errônea parece ser o conceito que se tem de um ser imaculado, puro e positivo – Deus. Se essa divindade for a soma de tudo o que é bom, seus veneradores acreditam que deva haver um equivalente negativo também. Portanto, Satã.

A Wicca não aceita essas ideias. *Nós reconhecemos o lado obscuro da Deusa e do Deus tanto quanto reconhecemos seu lado iluminado.* A Natureza toda está composta de opostos, e essa polaridade também reside em nós. As características mais obscuras do ser humano, assim como as características mais luminosas, encontram-se escondidas em nosso inconsciente. O segredo está em nossa habilidade de conseguir superar os desejos destrutivos, canalizar essas energias em pensamentos e ações positivos – isto é o que nos separa dos assassinos e dos sociopatas.

Sim, o Deus e a Deusa têm características obscuras; porém, esse fato não precisa nos assustar. Veja algumas das manifestações de seus poderes. De uma enchente terrível, surge um solo fértil onde novas plantas podem crescer. A morte traz uma apreciação mais profunda da vida para os vivos e o descanso para os que se foram. O "bem" e o "mal" geralmente têm uma natureza idêntica, dependendo do ponto de vista. Além disso, em todo mal, eventualmente nasce um bem.

Todas as religiões são reais, genuínas a todos os seus praticantes. Nunca poderá haver uma religião, um profeta ou um salvador que agrade a todos os 6 bilhões de pessoas. Cada um de nós deve encontrar o modo ideal de se conectar com a divindade. Para alguns, esse caminho é o da Wicca.

Os wiccanos enfatizam as características luminosas das divindades, porque isso nos dá a razão para crescer e evoluir até a mais alta esfera da existência. Quando a morte, a destruição, o sofrimento, a dor e a raiva surgem em nossas vidas (como devem surgir), podemos nos dirigir à Deusa e ao Deus e saber que tudo isso também faz parte deles.

Não precisamos culpar um demônio por esses acontecimentos naturais da vida e chamar um deus puro e inocente para afastá-los.

Ao realmente compreender a Deusa e o Deus, compreendemos a vida, já que ambos estão intrinsecamente ligados. Viva sua vida terrena por completo, mas tente também enxergar os aspectos espirituais de suas atividades. Lembre-se: o aspecto físico e o espiritual nada são senão o reflexo deles mesmos.

Quando dou aula, uma pergunta parece sempre surgir:

"Qual o sentido da vida?"

Ela pode ser perguntada como uma piada, mas essa é a única pergunta que, se respondida, responde a todas as demais. Esse é um problema que todas as religiões e sistemas filosóficos lutam por resolver.

Qualquer um pode encontrar a resposta utilizando uma técnica muito simples: viver e observar a vida. Embora duas pessoas não possam encontrar as mesmas respostas, elas podem procurá-las juntas.

A Deusa e o Deus vêm da Natureza, ambos têm a luz e as trevas. Nós não veneramos a Natureza como tal; alguns wiccanos provavelmente nem mesmo diriam que veneram a Deusa e o Deus. Não nos curvamos às divindades; nós trabalhamos com elas para criar um mundo melhor.

Isso é o que torna a Wicca uma religião verdadeiramente participativa.

3
Magia

É comum o conhecimento, mesmo entre as massas, de que os bruxos praticam a magia. Talvez as pessoas tenham ideias erradas relacionadas ao tipo de magia realizada; porém, os bruxos estão firmemente ligados à ideia popular das artes mágicas.

A Wicca é, como já vimos, uma religião que abraça a magia como um de seus conceitos básicos. Isso não é incomum. De fato, geralmente é difícil discernir onde a religião acaba e a magia começa em qualquer fé.

Ainda assim, a magia tem um papel importante dentro da Wicca. Ela nos permite melhorar nossas vidas e devolver a energia ao nosso tão destruído planeta. Os wiccanos também desenvolvem um relacionamento especial com a Deusa e com o Deus por meio da magia. Isso não significa dizer que todo feitiço seja uma oração, nem que todas as invocações sejam feitiços que usam diferentes palavras. Por meio do trabalho com os poderes que as divindades personificam, nos aproximamos mais delas. Ao chamar pelos seus nomes e visualizar sua presença durante os feitiços e rituais, tudo isso cria um laço entre o divino e o humano. Dessa forma, dentro da Wicca, a magia é uma prática religiosa.

Eu já defini a magia várias vezes em meus livros. Surpreendentemente, essa é uma tarefa difícil. Minha definição mais refinada e mais recente é:

A magia é a projeção das energias naturais
que produzem efeitos necessários.

Existem três fontes principais dessa energia: o poder pessoal, o poder terreno e o poder divino.

O **poder pessoal** é a força vital que sustenta nossa existência terrena. Ele gera poder em nossos corpos. Nós absorvemos a energia que vem da lua e do sol, da água e da comida. Nós a liberamos durante os movimentos que fazemos, durante os exercícios que praticamos, através do sexo, do nascimento. Mesmo ao expirar, liberamos algum poder, apesar de recuperarmos essa perda ao inspirar.

Dentro da magia, o poder pessoal aumenta, infundido com um propósito específico, liberado e dirigido ao seu objetivo.

O **poder terreno** é aquele que reside dentro de nosso planeta e de tudo que pertence a ele. Pedras, árvores, vento, chamas, água, cristais e perfumes, tudo possui poderes únicos e específicos que podem ser usados durante os rituais mágicos.

Um wiccano pode mergulhar um cristal de quartzo em água salgada para limpá-lo e, em seguida, pressioná-lo contra o corpo de uma pessoa doente para enviar suas energias curativas. Ou as ervas podem ser espalhadas ao redor de uma vela queimada para gerar um efeito mágico específico. Os óleos são esfregados no corpo para gerar as mudanças internas.

O **poder divino** é a manifestação do poder pessoal e do poder terreno. Essa é a energia que existe dentro da Deusa e do Deus – a força vital, a fonte do poder universal que criou tudo o que existe.

Os wiccanos invocam a Deusa e o Deus para que estes abençoem sua mágica e lhes deem poder. Durante o ritual, os wiccanos podem direcionar o poder pessoal às divindades, pedindo que uma necessidade específica seja atendida. Essa é a verdadeira mágica religiosa.

E, portanto, a magia é um processo no qual os wiccanos trabalham em harmonia com a fonte de poder universal que acreditamos serem a Deusa e o Deus, assim como com as energias pessoais e terrenas, para melhorar nossas vidas e emprestar a energia para a Terra. A magia é um meio pelo qual as pessoas tomam o controle de suas vidas somente pela predestinação autodeterminada.

Ao contrário da crença popular, a magia não é sobrenatural. É verdade que ela é uma prática oculta (escondida) imergida em milênios de segredos, difamações e desinformações, mas é uma prática natural que utiliza poderes genuínos que ainda não foram descobertos ou classificados pela ciência.

Tudo isso não invalida a magia. Mesmo os cientistas não dizem saber tudo sobre nosso Universo. Se o tivessem feito, o campo da investigação científica não existiria. Os poderes que os wiccanos usam eventualmente serão documentados e perderão seu mistério. Isso já ocorreu em partes com a hipnose e a psicologia, e pode acontecer em breve com a percepção extrassensorial. De fato, o magnetismo era um aspecto da magia firmemente estabelecido, até que foi "descoberto" pela ciência. Porém, ainda hoje, os ímãs são usados em feitiços e encantos, e tais forças geram sentimentos estranhos e antigos.

Brinque com dois ímãs. Veja as forças invisíveis que resistem uma à outra e ao mesmo tempo se atraem de uma maneira que aparenta ser sobrenatural.

A magia é parecida. Apesar de parecer completamente sem sentido, e sem uma base de fato, ela funciona segundo as próprias regras e lógicas. Simplesmente porque não é totalmente compreendida, não significa que ela não exista. A magia é eficaz em causar manifestações para que mudanças necessárias possam ocorrer.

Isso não é autoilusão. A magia corretamente executada funciona, e nenhuma explicação mais lógica muda esse fato.

Aqui vai uma descrição de um típico ritual das velas. Usarei a mim mesmo como exemplo. Digamos que eu precise pagar uma conta de telefone no valor de cem dólares, mas não tenho dinheiro. Meu objetivo mágico: ter os meios para pagar a conta.

Eu decido usar um ritual que me ajude na concentração e visualização (ver capítulo 11, "Exercícios e Técnicas Mágicas", página 107). Verificando todo o meu estoque usado em rituais mágicos, descubro que tenho velas verdes, óleo de patchuli, uma boa quantidade de ervas que atraem dinheiro, um pergaminho e tinta verde.

Em meu altar, acendo as velas que representam a Deusa e o Deus, enquanto silenciosamente invoco sua presença. Em seguida, começo a queimar um bloco de carvão e salpico canela e sálvia nele, para criar um incenso mágico de prosperidade.

Desenho uma imagem da conta de telefone no pergaminho, marcando muito bem o valor em números. Enquanto vou desenhando, visualizo que o pergaminho deixa de ser somente um pergaminho; é a conta.

Em seguida, desenho um quadrado ao redor da conta, simbolizando meu controle sobre ela, e marco um grande "x" nela, eficazmente anulando sua existência (como ocorrerá quando a conta for paga).

Agora, começo a visualizar a conta sendo totalmente paga. Eu posso escrever isso em cima do desenho, fazendo parecer que ela foi carimbada com essas palavras. Eu me visualizo olhando para o talão de cheques, vendo que o saldo cobrirá o cheque e, em seguida, preenchendo o cheque.

Em seguida, esfrego uma vela verde com o óleo de patchuli, da base até o meio, enquanto digo algo como:

Eu invoco os poderes da Deusa Mãe e do Deus Pai;
eu invoco as forças da terra, do ar, do fogo e da água;
eu invoco o sol, a lua e as estrelas
para me trazerem o dinheiro para pagar esta conta.

Ainda fazendo a visualização, coloco a vela no candelabro diretamente em cima do desenho da conta. Jogo um pouco das ervas ao redor da base da vela, afirmando (e visualizando) que cada uma delas está emprestando sua energia para a realização de meu objetivo:

Sálvia, erva de Júpiter, envie seus poderes para meu feitiço.
Canela, erva do sol, envie seus poderes para meu feitiço.

Uma vez feito isso, e ainda visualizando minha conta já totalmente paga, eu acendo a vela e, à medida que a chama brilha cada vez mais, libero a energia acumulada no desenho.

Eu deixo a vela queimar por dez, quinze minutos ou mais, dependendo da minha habilidade em manter a visualização. Vejo a vela absorver a energia que coloquei no desenho. Eu vejo as ervas transmitirem suas energias à chama da vela e as energias combinadas das ervas, da vela, do óleo de patchuli e do desenho – unidas ao meu poder pessoal – saindo da chama para realizar meu objetivo mágico.

Quando eu terminar, retiro o desenho, queimo-o com a vela, seguro-o enquanto ele queima por alguns segundos e, em seguida, jogo-o no pequeno caldeirão ao lado de meu altar.

Terminado tudo isso, permito que a vela queime sozinha, sabendo que o ritual surtirá o efeito esperado.

Em um ou dois dias, talvez uma semana, receberei um dinheiro inesperado (ou atrasado) ou cumprirei outras obrigações financeiras que me deixarão livre para realizar o pagamento da conta.

Como isso é possível? A partir do momento em que eu decidi fazer essa magia, isso se torna possível. Pensar a respeito já ativa o poder pessoal. Através de todo o processo – da reunião dos ingredientes, do desenho da conta, do ato de acender a vela, da visualização –, eu estimulo e infundo o poder pessoal com a necessidade da magia. Durante o ritual, libero esse poder em direção à vela. Quando finalmente queimo o desenho, a última dessas energias é liberada e está pronta para me ajudar a pagar a conta.

Talvez eu não consiga lhe dizer exatamente *como* a magia funciona, somente posso lhe dizer que ela funciona. Por sorte, não precisamos saber; tudo o que precisamos saber é como fazê-la funcionar.

Não entendo nada de eletricidade, mas posso ligar minha torradeira na tomada e tostar todo o meu pão integral. Assim, na magia nós "ligamos" energias que se esticam, se cruzam e se fecham ao nosso redor e através de nosso corpo.

Existem muitas maneiras de praticar a magia. Geralmente os wiccanos escolhem formas simples e naturais, apesar de existirem alguns que gostem de cerimônias mais elaboradas, trazidas de grimórios clássicos como *A Chave de Salomão* (ver bibliografia, página 241). No entanto, geralmente a prática da magia envolve ervas, cristais e pedras; o uso de símbolos e cores; gestos mágicos, música, cantos, danças e transes; projeções astrais, meditação, concentração e visualização.

Existem, literalmente, milhares de práticas mágicas, mesmo dentro da Wicca. Por exemplo, práticas que usam cristais ou ervas ou símbolos cuja combinação entre si cria mais práticas.

Diversos livros já foram publicados dando ênfase às práticas mágicas, e alguns deles estão listados na bibliografia. Em minhas obras, discuto sempre os poderes dos elementos, dos cristais e das ervas. Nesta obra, o tema da magia rúnica é explorado como exemplo de prática mágica independente, com dicas de combinações com outras práticas.

Tais práticas não são necessárias para o sucesso da magia. Executar rituais mágicos somente com a manipulação de elementos como ervas e cristais será inútil, porque o poder verdadeiro da magia se encontra em nós mesmos – esse é o presente da divindade.

Portanto, independentemente da prática, o poder pessoal deve ser infundido junto com a necessidade e, em seguida, liberado. Dentro da magia wiccana, o poder pessoal é reconhecido como nossa ligação direta com a Deusa e o Deus. A magia, portanto, é um ato religioso no qual os wiccanos se unem às suas divindades para se tornarem melhores e melhorar seu mundo.

Isso é importante – a magia é uma prática positiva. *Os wiccanos não executam uma magia destrutiva, manipuladora ou exploradora.* Como eles reconhecem que o poder que emana da magia, no fim das contas, provém da Deusa e do Deus, os trabalhos negativos são veementemente proibidos. A magia "má" é um insulto para eles, para a raça humana, para a Terra, para a Deusa e para o Deus e para o próprio Universo. As repercussões são inimagináveis. As energias da magia são as energias da própria vida.

Qualquer pessoa pode praticar a magia – dentro de um contexto religioso ou não. Se certas palavras ou gestos surgirem em sua mente enquanto estiver fazendo um feitiço, e estes parecerem adequados, por favor, use-os. Se não conseguir encontrar um ritual certo para você ou que corresponda às suas necessidades, crie um. Você não precisa escrever uma poesia especial ou criar uma coreografia para 30 portadores de incenso e 13 sacerdotisas cantoras.

Você pode somente acender uma vela, ficar diante dela e se concentrar no que precisa. Confie em si mesmo.

Se realmente quiser conhecer a natureza da magia, pratique-a! Muitos têm medo da magia. Essas pessoas foram ensinadas (por não praticantes) que ela é perigosa. Não fique com medo. Atravessar a rua também é perigoso. Porém, se o fizer corretamente, ficará bem.

É claro, a única forma de descobrir isso é atravessando a rua. Se sua magia for infundida com amor, não correrá perigo algum.

Invoque a Deusa e o Deus para protegerem-no e ensinarem-lhe os segredos da magia. Peça às pedras e às plantas para lhe revelarem seus poderes – e ouça-as. Leia o máximo que puder, descartando informações negativas ou perturbadoras.

Aprenda na prática, e a Deusa e o Deus o abençoarão com tudo o que realmente precisar.

4
Instrumentos

Em comum com a maioria das religiões, certos objetos são usados na Wicca para a realização de rituais. Esses instrumentos invocam as divindades, afastam a negatividade e direcionam a energia através de nosso toque e de nossa intenção.

Alguns dos instrumentos das bruxas (a vassoura, o caldeirão e a varinha mágica) ganharam lugar no folclore contemporâneo. Por meio da popularização de histórias e do trabalho dos estúdios da Disney, milhões de pessoas sabem que os caldeirões são usados para se fazer poções e que as varinhas transformam o feio em belo. A maioria das pessoas, no entanto, não sabe a força da magia por trás desses instrumentos e seus simbolismos dentro da Wicca.

Para praticar a Wicca, você pode querer obter pelo menos alguns desses instrumentos. Procure esses tesouros em lojas de antiguidades, encontros de troca e em mercados de pulgas. Ou escreva para seus fornecedores. Apesar de serem difíceis de encontrar, seus instrumentos para rituais valem a pena o esforço em obtê-los.

Esses instrumentos não são necessariamente usados na prática da Wicca. No entanto, enriquecem os rituais e simbolizam as energias complexas que existem. Os instrumentos não têm poderes, exceto aqueles que transmitimos a eles.

Alguns dizem que deveríamos usar esses instrumentos mágicos até que não mais precisemos deles. Talvez seja melhor usá-los sempre que se sinta confortável com isso.

A vassoura

As bruxas usam vassouras na magia e nos rituais. Ela é um instrumento sagrado tanto para a Deusa quanto para o Deus. Isso não é novidade; o México pré-colombiano foi testemunha da veneração de um tipo de divindade bruxa, Tlazelteotl, que era representada nua e em cima de uma vassoura. Os chineses veneravam uma deusa vassoura invocada para trazer bom tempo em épocas de chuva.

Além disso, provavelmente por sua forma fálica, a vassoura se tornou um instrumento poderoso contra maldições e praticantes da magia negra. Colocada atrás da porta, a vassoura cortava todos os feitiços enviados à casa ou àqueles que viviam nela. Uma vassoura colocada sob um travesseiro trazia sonhos agradáveis e protegia aquele que dormia.

As bruxas europeias foram identificadas pela vassoura porque ambas concebiam a mesma ideia de magia dentro da religião e do pensamento popular. As bruxas foram acusadas de voar em vassouras, e isso era considerado prova de sua aliança com os "poderes das trevas". Tal ato, se pudesse realmente ser feito, seria, de verdade, sobrenatural e, portanto, vindo do Demônio, em contraste com os simples feitiços de cura e de amor que elas realmente realizavam. É claro que a história foi inventada por seus perseguidores.[3]

Hoje em dia, a vassoura ainda é usada dentro da Wicca. Um wiccano pode começar um ritual varrendo levemente a área (dentro de um local ou ao ar livre) com a vassoura mágica. Após fazê-lo, o altar é montado, os instrumentos são trazidos e o ritual está pronto para começar (ver capítulo 13, "Modelo de Rituais", página 123).

Esse ato de varrer significa muito mais do que uma limpeza física. Na verdade, as cerdas da vassoura não precisam tocar o chão. Enquanto varre, o wiccano consegue visualizar a vassoura varrer para longe o excesso de energia que existe onde as pessoas vivem. Isso purifica a área e permite que os rituais surtam o efeito desejado.

---

3. Alguns wiccanos afirmam que as vassouras eram "montadas" enquanto se saltava pelo solo, como no costume de simular uma montaria, para promover a fertilidade dos campos. Além disso, acredita-se que as histórias de bruxas que voavam em vassouras foram explicações simples de projeções astrais.

Sendo uma purificadora, a vassoura liga-se ao elemento da água. Dessa maneira, ela também é usada em todos os tipos de feitiços que requerem água, incluindo os feitiços psíquicos e de amor.

Muitas bruxas colecionam vassouras, e sua variedade infinita e os materiais exóticos usados em sua fabricação tornam esse *hobby* interessante.

Se você quiser fazer sua vassoura mágica, pode tentar a antiga fórmula mágica feita com um cabo de freixo, galhos de bétula e ramos de salgueiro. O freixo serve como proteção, a bétula é purificadora, e o salgueiro é sagrado para a Deusa.

É claro que qualquer galho ou arbusto pode ser usado para fazer a vassoura (enquanto o corta, agradeça à árvore por seu sacrifício, usando as palavras encontradas na seção "Grimório Herbáceo" do *Livro das Sombras das Pedras Erguidas*, seção III). Também se pode usar uma pequena vassoura feita de agulhas de pinheiro.

Antigamente, nos casamentos de escravos americanos, assim como nos casamentos ciganos, era comum os casais pularem por cima de uma vassoura como um ritual para representar sua união. Esses casamentos eram realizados até bem pouco tempo, e mesmo hoje as cerimônias de casamento wiccanas e pagãs, chamadas de *handfastings*, que em inglês significa "atar as mãos", geralmente incluem esse ritual.

Existem muitos feitiços antigos envolvendo as vassouras. No geral, a vassoura é um instrumento de purificação e proteção, usado para limpar ritualmente a área para o uso da magia e para proteger a casa, deixando-a atrás das portas, embaixo da cama, em janelas ou nas portas.

A vassoura usada para a magia, juntamente com todos os instrumentos mágicos, deve ser reservada somente para esse propósito. Se decidir comprar uma vassoura, tente encontrar uma arredondada; as vassouras do tipo planas parecem não surtir o mesmo efeito.[4]

---

4. Para saber mais sobre vassouras, leia o capítulo 13 do livro *The Magical Household* (Llewellyn, 1987).

Varinha

A varinha é um dos principais instrumentos dentro da magia. Ela é usada há milhares de anos em rituais mágicos e religiosos. É um instrumento de invocação. A Deusa e o Deus podem ser chamados para assistirem ao ritual por intermédio de palavras e com a varinha erguida. Às vezes ela também é usada para direcionar a energia, para desenhar símbolos mágicos ou um círculo no chão, para apontar em direção ao perigo enquanto está perfeitamente segura na palma da mão do bruxo ou mesmo para mexer uma infusão no caldeirão. Para alguns wiccanos, a varinha representa o elemento ar e é sagrada aos olhos do Deus.

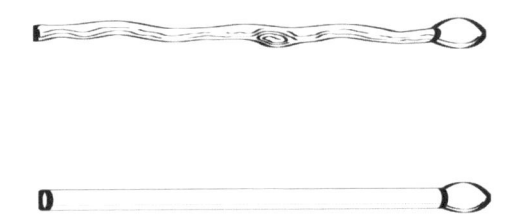

Existem madeiras tradicionais usadas para fazer a varinha, incluindo o salgueiro, o sabugueiro, o carvalho, a macieira, o pessegueiro, a aveleira, a cerejeira e muitas outras. Alguns wiccanos cortam um pedaço que vai da curva do cotovelo até a ponta do dedo indicador, mas isso não é necessário. Qualquer pedaço reto de madeira pode ser usado; mesmo cavilhas compradas em lojas de ferramentas funcionam bem, e eu já vi varinhas lindamente esculpidas e pintadas feitas desse tipo de madeira.

A consciência da Nova Era (e seu marketing) voltou a trazer a importância da varinha. Lindas criações feitas de prata e cristais de quartzo estão disponíveis em diversos tamanhos e preços. Essas varinhas certamente poderiam ser usadas em rituais wiccanos, apesar da longa tradição em varinhas de madeira.

Não se preocupe em encontrar a varinha certa antes; ela chegará até você. Durante certo tempo, eu usei um pedaço de raiz de alcaçuz como varinha e obtive bons resultados com ela.

Qualquer galho que usar será infundido com energia e poder. Encontre aquele com o qual se sentir confortável, e tudo dará certo.

Incensário

O incensário é um queimador de incenso. Ele pode ser complexo, oscilante e de metal, como aqueles usados na Igreja Católica, ou virem em formas de conchas. O incensário mantém no lugar o incenso enquanto ele queima nos rituais wiccanos.

Se não conseguir achar um incensário apropriado, faça um. Qualquer tigela ou xícara coberta com areia ou com sal até a metade funciona bem. O sal ou a areia absorve o calor do carvão ou do incenso e evita que a tigela se quebre. As varetas de incenso podem também ser colocadas no sal, ou cones de incenso podem ser colocados em sua superfície.

O uso do incenso em rituais e na magia em geral é uma arte por si só. Quando um incenso não específico tiver de ser usado para rituais e feitiços, use sua própria intuição e criatividade para determinar qual usar.

Varetas, cones ou incenso em barra, tudo isso pode ser usado; porém, a maioria dos wiccanos prefere o incenso natural ou granulado, o tipo que deve ser queimado em briquetes de carvão, disponíveis nos principais fornecedores. No final, qualquer tipo de incenso poderá ser usado.

Na magia cerimonial, os "espíritos" às vezes são obrigados a se apresentar de forma visível na fumaça que o incenso libera. Mesmo não sendo comum na tradição da Wicca, a Deusa e o Deus podem às vezes ser vistos na fumaça que se enrola e se contorce. Ficar sentado enquanto respira calmamente e observa a fumaça levantar pode ser um ato de iniciação do ritual, e você pode entrar em um estado alternado de consciência.

O ritual wiccano, quando feito em local fechado, não fica completo sem o uso do incenso. Ao ar livre, o fogo geralmente substitui a vareta de incenso, ou esta é colocada no chão. Assim, o incensário torna-se um instrumento importante nos rituais que ocorrem em locais fechados. Para alguns wiccanos, o incensário representa o elemento ar. Ele é geralmente colocado à frente das imagens divinas no altar, se estas existirem.

Caldeirão

O caldeirão é o instrumento das bruxas *por excelência*. Ele consiste em um recipiente antigo que servia para cozinhar e preparar infusões, aumentando a aura de mistério das tradições mágicas. O caldeirão é o recipiente no qual ocorrem as transformações mágicas; o cálice sagrado, a fonte sagrada, o mar da criação primitiva.

A Wicca enxerga o caldeirão como símbolo da Deusa, a essência manifestada da feminilidade e da fertilidade. Ele também simboliza o elemento água, a reencarnação, a imortalidade e a inspiração. As lendas celtas relacionadas ao caldeirão de Ceridwen tiveram um impacto enorme na Wicca contemporânea.

O caldeirão frequentemente serve de foco para os rituais. Durante os rituais de primavera, o caldeirão às vezes é coberto com água fresca e flores; durante o inverno, o fogo pode ser aceso *dentro* dele para representar o retorno do calor e a luz do sol (o Deus) que emana do caldeirão (a Deusa). Isso remonta aos mitos agriculturais nos quais o Deus nascia no inverno, alcançava a maturidade no verão e morria após a última colheita (ver capítulo 8, "Os Dias de Poder", página 87).

De preferência, o caldeirão deve ser de ferro, ter três pernas e ter sua boca menor que sua parte mais ampla. Os caldeirões podem ser difíceis de achar, mesmo os menores; porém, uma busca mais extensa geralmente resulta em algum tipo de caldeirão achado. Algumas empresas de entrega têm um estoque, mas não é muito comum. Seria melhor fazer algum tipo de pesquisa nesses locais.

Os caldeirões vêm em todos os tamanhos, tamanhos que variam de pequenos centímetros de diâmetro a monstruosidades com mais de um metro de diâmetro. Eu coleciono alguns, incluindo um antigo caldeirão reservado para rituais.

O caldeirão pode ser um instrumento de adivinhação (contemplação) através da água e do olhar fixo às curvas de suas profundezas. Ele também pode servir como um recipiente de preparação das conhecidas infusões da Wicca; porém, tenha em mente que para isso é necessário fogo alto e muita paciência, pois é mais difícil fazer ferver líquidos em grandes caldeirões. A maioria dos wiccanos usa fornos e panelas atualmente.

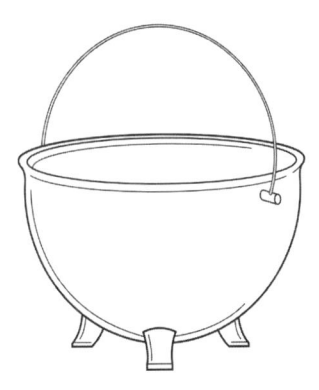

Se tiver alguma dificuldade em encontrar um caldeirão, não desista e ele surgirá. Certamente não fará mal algum em pedir à Deusa e ao Deus que lhe enviem um.

Punhal

O punhal (ou *athame*) é bem antigo. Na Wicca, ele não é usado com o propósito de cortar, mas sim para direcionar a energia que surge nos rituais e feitiços. Raramente é usado para invocar ou chamar as divindades, já que esse é um instrumento de comando e de poder. Nós preferimos invocar a Deusa e o Deus.

Muitas vezes o punhal é sem corte, geralmente tem dois gumes e um cabo preto ou escuro. O preto absorve o poder. Quando o punhal é usado em rituais (ver o *Livro das Sombras das Pedras Erguidas*) para direcionar a energia, parte desse poder é absorvido pelo cabo – somente um pouco –, e pode ser invocado mais tarde. Portanto, novamente, às vezes a energia que surge no ritual wiccano é canalizada pelo punhal para ser usada mais tarde. As histórias de espadas com poderes e nomes mágicos são bem comuns dentro da literatura mítica, e as espadas nada mais são do que punhais maiores.

Alguns wiccanos gravam seus punhais com símbolos mágicos, geralmente vindos do grimório *A Chave de Salomão*, mas isso não é necessário. Tal como a maioria dos instrumentos mágicos, o punhal se torna poderoso pelo toque e pelo uso. No entanto, se desejar, grave palavras, símbolos ou runas em sua lâmina ou em seu cabo.

Algumas vezes a espada é usada na Wicca, já que contém todas as propriedades do punhal, mas ela pode ser difícil de manejar em rituais em locais fechados por causa de seu tamanho.

Graças ao simbolismo do punhal, instrumento que causa mudanças, ele é comumente ligado ao elemento fogo. Sua natureza fálica o liga ao Deus.

Punhal de cabo branco

O punhal de cabo branco (às vezes chamado de *bolline*) nada mais é do que um punhal de trabalho prático, ao contrário do punhal mágico puramente ritualístico. Ele é utilizado para cortar varinhas ou ervas sagradas, inscrever símbolos nas velas ou na madeira, na argila ou na cera, e para cortar cordas para o uso na magia. Geralmente tem um cabo branco para distingui-lo do punhal mágico.

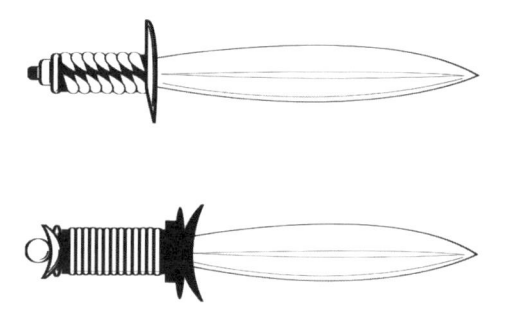

Algumas tradições wiccanas ditam que o punhal de cabo branco deve ser usado somente dentro do círculo mágico. Isso iria, é claro, limitar sua utilidade. Parece-me que somente usá-lo em rituais (como a colheita das flores do jardim para colocá-las no altar durante um ritual) confirma a santidade do instrumento e, portanto, permite seu uso fora do "espaço sagrado".

Bola de cristal

Os cristais de quartzo são extremamente populares hoje em dia, mas a bola de cristal de quartzo é um instrumento mágico antigo. Ela é extremamente cara, sendo vendida por 20 dólares a até milhares de dólares, dependendo do tamanho. A maioria das bolas de cristal encontradas hoje no mercado é feita de vidro, de cristal de chumbo ou até mesmo de plástico. As bolas de cristal de quartzo genuínas podem ser determinadas por seus altos valores e inclusões ou irregularidades.

O cristal é usado há muito tempo como meio de adivinhação. O adivinho olha para a bola até que suas faculdades psíquicas se manifestem e as imagens, vistas na mente ou projetadas nas profundezas do cristal, revelem as informações necessárias.

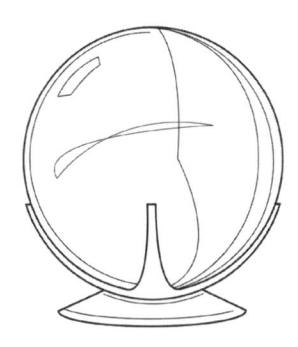

Nos rituais wiccanos, a bola de cristal é às vezes colocada no altar para representar a Deusa. Sua forma (esfera) é um símbolo da Deusa, assim como todos os círculos e formas arredondadas, e sua temperatura baixíssima (outra maneira de determinar o cristal genuíno) simboliza as profundezas do oceano, domínio da Deusa.

Além de tudo, o cristal pode ser usado para receber mensagens dos Deuses ou para armazenar a energia que surge nos rituais. Alguns wiccanos se concentram no cristal para invocar imagens da Deusa ou de vidas passadas. Ele é um objeto mágico tocado pelo divino; e, se você encontrar um, guarde-o com cuidado.

Expô-lo periodicamente à luz da lua ou esfregá-lo com artemísia fresca aumentará sua habilidade de manifestar nossos poderes psíquicos. Ele pode ser considerado o objeto principal em rituais de lua cheia.

Taça

A taça simplesmente consiste em um caldeirão com base. Ela simboliza a Deusa e a fertilidade, além de estar relacionada ao elemento água. Apesar de poder ser usada para despejar a água (geralmente presente no altar), ela também pode conter a bebida ritualística consumida durante os rituais.

A taça pode ser feita de quase qualquer substância: prata, bronze, ouro, cerâmica, pedra-sabão, alabastro, cristal, entre outros.

Pentáculo

O pentáculo geralmente é um pedaço plano de bronze, ouro, prata, madeira, cera ou argila, inscrito com certos símbolos. O tipo mais comum – e, de fato, o único necessário – é o pentagrama, a estrela de cinco pontas que é usada há milênios pela magia.

O pentáculo foi "emprestado" da magia cerimonial. Nessa arte ancestral, ele geralmente era um instrumento de proteção ou uma ferramenta utilizada para evocar os espíritos. Na Wicca, o pentáculo representa o elemento terra e é um instrumento conveniente para a consagração ritual de amuletos, encantos ou outros objetos. Às vezes é usado para convocar os Deuses e as Deusas.

Os pentáculos são também pendurados em portas e janelas como proteção ou são usados em rituais para atrair dinheiro, graças às suas associações com o elemento terra.

O Livro das Sombras

O Livro das Sombras é um manual wiccano que contém invocações, padrões ritualísticos, feitiços, runas, regras que regem a magia, entre outras coisas. Alguns Livros das Sombras são passados de um wiccano para o outro, geralmente durante o ritual de iniciação, mas hoje em dia a maioria dos wiccanos tem seu próprio exemplar do Livro das Sombras.

Não acredite nas histórias contadas na maioria de outros livros wiccanos que dizem que um único Livro das Sombras foi escrito na Antiguidade, já que cada seita da Wicca parece reivindicar que seu próprio livro é o original, e todos são diferentes.

Apesar de que até bem pouco tempo os exemplares do Livro das Sombras eram escritos à mão, hoje em dia as versões digitadas e até mesmo fotocopiadas são bastante comuns. Alguns wiccanos estão inclusive digitalizando seus livros – para criarem, como chamam alguns amigos, o "Disquete das Sombras".

Para fazer seu próprio Livro das Sombras, comece com um livro em branco – encontrado na maioria das livrarias e lojas de arte. Se não puder encontrar um livro em branco encadernado, qualquer livro de exercícios com linhas serve. Simplesmente escreva nesse livro todos os rituais, feitiços, invocações e informações relacionadas à magia que tiver criado ou encontrado em algum lugar e que queira guardar.

Lembre-se: todos os Livros das Sombras (incluindo aquele encontrado na seção III) são sugestões relacionadas aos rituais, não "escrituras sagradas". Nunca se sinta preso a essas palavras. De fato, muitos bruxos usam fichários, reorganizam as páginas, adicionam ou retiram informações do Livro das Sombras ao seu bel-prazer.

É uma boa ideia copiar seus feitiços e rituais à mão. Isso não somente assegura a leitura completa do trabalho, mas também permite uma facilidade na leitura à luz de velas. Idealmente, todos os rituais são memorizados (não há nada mais distrativo que ter de ler o livro ou dar uma olhada nele) ou criados de forma espontânea; porém, se você ler seus próprios rituais, assegure-se de que suas cópias estejam legíveis à luz cintilante do fogo.

Sino

O sino é um instrumento ritualístico muito antigo. O toque de um sino libera vibrações que têm efeitos poderosos de acordo com seu volume, tom e material de fabricação.

O sino é um símbolo feminino e, portanto, é usado geralmente para invocar a Deusa nos rituais. Ele também é tocado para afastar os feitiços e os espíritos maléficos, interromper tempestades ou evocar boas energias. Colocado em armários ou pendurado na porta, ele protege a casa. Os sinos às vezes são tocados em rituais para marcar várias partes e para sinalizar o início ou o fim de um feitiço.

Qualquer tipo de sino pode ser usado.

Esses são alguns dos instrumentos utilizados em rituais wiccanos. Trabalhar com eles, familiarizar-se com seus poderes e transmitir para eles sua própria energia, tudo isso pode fazer com que você os sinta como parte de seu dia a dia. Juntá-los é um problema; porém, isso pode ser visto como um teste mágico sobre a seriedade de seu interesse na Wicca.

À medida que for reunindo os instrumentos, você pode prepará-los para os rituais. Se os instrumentos forem antigos, eles devem ser limpos de toda a energia que ainda possuírem; você não sabe a quem esses instrumentos pertenceram, nem o propósito com que foram usados.

Para começar esse processo, limpe fisicamente o instrumento usando meios apropriados para isso. Quando o objeto estiver limpo e seco, enterre-o (na terra ou em uma tigela cheia de areia ou sal) por alguns dias, permitindo que as energias se dispersem. Outro meio consiste em mergulhar o instrumento no mar, em um rio ou lago, ou até mesmo em sua própria banheira após purificar a água adicionando algumas pitadas de sal.

Não destrua um pedaço de madeira molhando-a; assim como não estrague o acabamento de alguns objetos através do contato com o sal. Use o meio de limpeza mais apropriado para cada instrumento.

Após alguns dias, cave e retire da terra o instrumento, limpe-o, e ele estará pronto para a magia. Se usar água, deixe o objeto submergido durante algumas horas e em seguida seque-o. Se quiser, repita o processo até que o instrumento esteja limpo e renovado.

Existem cerimônias de consagração de instrumentos wiccanos na seção III, assim como rituais de preparação na parte do Grimório Herbáceo encontrada nessa mesma seção. Ambos são opcionais; use aquilo que sua intuição determinar.

5
Música, Dança e Gestos

A Wicca entende que o que percebemos ser a diferença entre o físico e o não físico deve-se ao fato de sermos limitados como seres materiais. Algumas das ferramentas usadas na prática da religião são, de fato, não físicas. Três das ferramentas mais eficazes são: a música, a dança e os gestos.[5]

Essas técnicas são utilizadas para criar o poder, alterar a consciência e unir-nos à Deusa e ao Deus – para alcançar o êxtase. Esses instrumentos geralmente fazem parte dos rituais e, de fato, os rituais mais eficazes e poderosos podem ser aqueles que usam exclusivamente essas técnicas. (Um ritual composto completamente por gestos pode ser encontrado na seção III: *Livro das Sombras das Pedras Erguidas*.)

A música e a dança estão entre os atos mágicos e religiosos mais antigos da civilização. Nossos ancestrais provavelmente usaram a magia da linguagem de sinais e os gestos corporais antes de desenvolverem por completo o dom da fala. O simples gesto de apontar ainda surte efeitos emocionais poderosos, desde uma testemunha apontando um acusado como a pessoa envolvida em um crime, a um aspirante em um teste sendo selecionado entre seus vários colegas.

---

5. A música é, tecnicamente falando, um composto de ondas de sons fisicamente mensuráveis. Não podemos segurar a música em nossas mãos; no entanto, podemos segurar os instrumentos que a produzem.

A primeira música foi provavelmente rítmica. Os humanos logo descobriram que ritmos e sons agradáveis poderiam ser produzidos ao bater em várias partes do corpo, principalmente nas coxas e no peito.

O ato de bater palmas cria um som claro e distinto que ainda é usado por alguns wiccanos para liberar o poder pessoal durante o ritual mágico.[6]

Os instrumentos rítmicos, como os tambores de tronco, começaram a ser usados mais tarde para que houvesse sons mais completos. Algumas pedras produzem sons quando batemos nelas, e daí outro tipo de instrumento nasceu. Juncos, ossos e algumas conchas produzem um assovio quando corretamente assoprados. As técnicas xamânicas ainda utilizam esses instrumentos.

Os rituais menos intelectuais podem ser mais eficazes justamente porque eles evitam a mente consciente e falam com o inconsciente mais profundo, a consciência psíquica. Dentro dos rituais wiccanos, a música e a dança nos envolvem emocionalmente.

A ideia de dançar, cantar ou fazer música deixa alguns de nós sem jeito. Isso faz parte da repressão natural vinda da sociedade. Na Wicca, no entanto, a dança e a música ocorrem *somente diante das divindades*. Você não está se apresentando diante de uma multidão; portanto, não se preocupe em desafinar ou tropeçar. *As divindades* não se importam, e ninguém precisará saber o que você faz diante dos Deuses em seus rituais.

Até a pessoa mais descoordenada para a música pode bater duas pedras, sacudir chocalhos, bater palmas ou andar em círculos. Até hoje, algumas das mais famosas e competentes irmandades wiccanas usam um pequeno círculo ao redor do altar para aumentar o poder nos rituais. Não são coreografias muito elaboradas.

Aqui vão algumas tradições relacionadas à dança, à música e aos gestos. Se gostar de uma delas, sinta-se à vontade para incorporá-la aos seus rituais wiccanos. Porém, uma sugestão: se sentir que seus rituais são limitados e não o satisfazem, se eles não criarem uma ligação com as divindades, o problema pode ser a falta de conteúdo emocional. A

---

6. Ver *Witchcraft For Tomorrow*, de Doreen Valiente (New York: St. Martin's Press, 1978), p. 182.

música e a dança podem gerar um envolvimento verdadeiro com o ritual e, portanto, aproximá-lo da Deusa e do Deus. Durante a magia, elas proporcionam um maior acesso à energia.

Música

A música é simplesmente uma recriação dos sons da Natureza. O vento entre as árvores, o som do mar se chocando contra os penhascos irregulares, o barulho da chuva, o estampido do fogo proveniente de um raio, o canto dos pássaros e o rugido dos animais são alguns dos "instrumentos" que constituem a música da Natureza.

Os seres humanos há muito tempo integraram a música aos rituais religiosos e mágicos, por conta de seus poderosos efeitos. Os xamãs usam uma batida de tambor constante para induzir o transe e para controlar o ritmo da dança mágica. Novamente, a música há muito tempo é celebrada para acalmar animais ferozes – e pessoas também.[7]

A música pode fazer parte dos trabalhos wiccanos atualmente. Você pode encontrar composições musicais certas para cada tipo de ritual, selecionar composições de origem clássica, étnica, folclórica ou contemporânea e tocá-las durante os rituais. Os wiccanos com tendências musicais podem criar a música antes, durante ou após os rituais.

Meus rituais favoritos geralmente envolvem música. Lembro-me de que um dia escondi um pequeno gravador atrás de uma árvore nas Montanhas Laguna. Estranhamente, a música não chamou a atenção para as flores selvagens, para os altíssimos pinheiros e para os antigos carvalhos, mas sim destacou meu ritual solitário.

Se souber tocar um instrumento, faça-o em seus rituais. Uma flauta, um violino, um gravador, um violão, uma harpa e outros pequenos instrumentos podem facilmente ser tocados em rituais, como tambores, chocalhos, sinos ou até mesmo copos d'água e um punhal para bater neles. Outros instrumentos menos portáteis podem ser gravados e tocados durante os rituais.

---

7. Um bom relato sobre a magia da música, apesar de fictício, pode ser encontrado no capítulo xi do romance *High Magic's Aid* [*Com o Auxílio da Alta Magia*], de Gerald Gardner (New York: Weiser, 1975).

Esses intervalos musicais podem ser usados imediatamente *antes* do início do ritual para entrar no clima; *durante*, como uma oferenda à Deusa e ao Deus ou para despertar a energia; e *após*, para celebrar e regozijar a realização do ritual. Alguns wiccanos compõem canções que são, na verdade, rituais, abrangendo tudo desde a criação do espaço sagrado e a invocação das divindades até o agradecimento por sua presença. A magia da música na verdade é aquilo que você decide fazer.

Quatro tipos de instrumentos diferentes têm poderes específicos. O tambor, o chocalho, o xilofone e todos os instrumentos de percussão (exceto o sistro) são governados pelo elemento *terra*. Assim, tais instrumentos podem ser usados para invocar a fertilidade, melhorar a situação financeira, encontrar um emprego, e assim por diante. Eles também podem ser usados para invocar a Deusa em rituais ou reunir toda a energia e enviá-la à terra.

A flauta, o gravador e todos os instrumentos de sopro são regidos pelo *ar*, o elemento intelectual, e, portanto, podem ser usados a fim de aumentar os poderes mentais ou as habilidades de visualização, para descobrir a sabedoria ou o conhecimento antigo, para melhorar as faculdades psíquicas e invocar o Deus.

O *fogo* rege os instrumentos de corda como a lira, a harpa (versão ampliada ou folclórica), o violão, o bandolim, o ukelele, entre outros. Esses instrumentos podem ser usados em feitiços ou rituais que envolvam a sexualidade, a saúde e a força física, a paixão e a força de vontade, a mudança, a evolução, a coragem e a destruição de hábitos ruins.

Eles também são considerados excelentes instrumentos para usar antes dos rituais para purificar o ambiente em questão e também o celebrante. Toque uma música em particular, cante com a ajuda de um instrumento ou somente toque alguma coisa estando em um círculo no sentido horário até que o local seja inundado por suas vibrações. As cordas também podem ser usadas para invocar o Deus.

O metal ressonante do címbalo, do sistro, do sino e do gongo é simbólico do elemento água. Já que a água abrange a cura, a fertilidade, a amizade, os poderes psíquicos, o amor espiritual, a beleza, a compaixão, a felicidade e outras energias similares, os sinos, os gongos ou címbalos podem ser usados nesses feitiços e rituais. O sistro de Ísis nos lembra de que o metal ressonante invoca a Deusa.

Os feitiços musicais (ao contrário dos feitiços completamente verbais) podem ser simples e eficazes. Precisa de dinheiro? Sente-se vestindo uma roupa verde e lentamente toque um tambor, visualizando-se nadando em dinheiro enquanto invoca a Deusa em seu aspecto de provedora de abundância.

Se estiver deprimido, encontre um sino que tenha um som agradável e toque-o, sentindo as vibrações do som e como essas vibrações o limpam da depressão e levantam seu ânimo. Ou use um sino pequeno.

Quando tiver medo, toque um violão de seis cordas ou ouça a gravação de uma música tocada com violão enquanto se visualiza confiante e corajoso. Invoque o Deus em sua imagem cornífera, agressiva e protetora.

O canto, uma combinação entre discurso e música, pode ser prontamente integrado aos rituais wiccanos. Alguns wiccanos compõem encantos e invocações com a ajuda da música ou do canto à medida que se sentem compelidos a isso durante os rituais.

Muitos deles nunca se preocupam com o tema da magia da música e simplesmente tocam suas gravações como música de fundo em seus rituais. Tudo bem, mas as músicas de própria autoria (embora simples) integradas aos seus rituais podem ser mais eficazes, somente se gostar da composição.

Hoje em dia, várias gravações wiccanas e pagãs encontram-se disponíveis no mercado em fitas. Apesar de variarem muito em termos de qualidade, é válido escolher algumas fitas pelo correio. Algumas canções podem ser usadas em rituais, mas a maioria delas é mais adequada para ser tocada na preparação dos rituais ou após, durante o relaxamento.

A música apropriada incorporada aos rituais pode melhorar muito a experiência wiccana.

Dança

A dança é certamente um ritual bastante antigo. Ela é também um ato mágico, porque o movimento físico libera energia do corpo, a mesma energia usada na magia. Esse "segredo" foi descoberto muito cedo e, portanto, a dança foi incorporada à magia e aos rituais específicos a fim de aumentar a energia, para alterar a consciência ou simplesmente para honrar a Deusa e o Deus com performances ritualísticas.

As danças em grupo, como a dança em espiral, são geralmente executadas em trabalhos nas irmandades. Em trabalhos individuais, no entanto, você não se encontra obrigado por tradições ou passos coreografados. Sinta-se à vontade para se movimentar como quiser, não se importe que possam parecer movimentos infantis ou loucos.

Dentro da magia, muitos wiccanos fazem pequenos feitiços ou rituais de alguma forma manipulativos (inscrevendo runas, fazendo nós, desenhando imagens na areia ou em ervas em pó, cantando os nomes das divindades) e, em seguida, executam a magia real: aumentando e canalizando a energia mágica. Esses wiccanos geralmente se movem cada vez mais rápido, em sentido horário, em um círculo ao redor do altar, sozinhos ou em grupo, observando as velas acesas no altar, sentindo o aroma do incenso, submergindo-se nos encantamentos e na visualização intensa. Quando o praticante alcança o ponto principal desse ritual, o momento exato quando o corpo consegue aumentar e canalizar toda a energia possível, esse poder é liberado para o objetivo mágico. Para fazê-lo, alguns wiccanos chegam a cair, sinalizando o final do que é peculiarmente chamado de "A Dança".

A dança é usada para aumentar a energia, assim como para facilitar a sintonia com as divindades da Natureza. Dance como o vento impetuoso, como a corrente de água que desce a montanha, como a chama que brilha em uma árvore atingida por um raio, como grãos de areia que se chocam entre si em um vendaval, como flores que exibem seu brilho em uma ensolarada tarde de verão. À medida que dança, usando os movimentos que quiser, abra-se para o Deus e para a Deusa.

Pense nos dervixes rodopiantes, nas danças indomadas dos ciganos da Europa, na sensualidade da dança do ventre do Oriente Médio e na hula sagrada do antigo Havaí. A dança é um dos caminhos que leva à divindade.

Gestos

Os gestos são silenciosos, em contrapartida com as palavras. Eles podem melhorar os rituais wiccanos quando feitos em conjunto com invocações ou danças, ou ser feitos sozinhos para mostrar seus poderes reais. O ato de apontar (mencionado anteriormente), o uso do dedo indicador e do dedo médio para criar a letra "v" e o uso do dedo médio levantado, exibindo uma vulgaridade, demonstram uma variedade de mensagens que podem ser transmitidas por meio de gestos, assim como nossas diversas respostas emocionais a eles.

Minha apresentação à Wicca aconteceu por meio desses antigos gestos. Em 1971, vi algumas fotografias[8] que exibiam gestos mágicos de proteção como a *mano figa* (uma mão fechada formando um punho, o polegar sobressaindo entre os dedos indicador e médio) e a *mano cornuta*, um "v" formado pelos dedos indicador e mindinho de cabeça para baixo. Ambos os gestos são usados há muito tempo para afastar o mau-olhado e a negatividade, e o último é usado na Wicca, virado para cima, para representar o Deus em sua versão cornífera.

Alguns dias depois, em meu primeiro ano do ensino médio, fiz esses dois gestos para uma garota que havia acabado de conhecer. Não havia um motivo lógico para tê-los feito; só me pareceu a coisa certa a fazer. Ela me olhou, sorriu e me perguntou se eu era um bruxo. Eu lhe disse que não, mas que gostaria de ser. Ela começou a me treinar.

O significado mágico dos gestos é complexo, e é o resultado dos poderes da mão. A mão pode curar ou matar, acariciar ou apunhalar. Ela é um canal através do qual as energias são enviadas do corpo ou recebidas por outras pessoas. Nossas mãos montam nossos altares mágicos, seguram varinhas e *athames* e apagam as chamas das velas no final dos rituais mágicos.

As mãos, como meio de ganhar a vida, são símbolos do mundo físico. Porém, em seus cinco dígitos encontra-se o pentagrama, o símbolo mágico supremo de proteção; a soma de seus quatro elementos associados ao *akasha*, o poder espiritual do Universo.

---

8. Incluídas em *The Supernatural*, de Douglas Hill e Pat William (New York: Hawthorn Books, 1965), p. 200.

As linhas de nossas mãos podem, aos preparados, ser usadas para se unirem ao subconsciente e revelarem coisas à mente consciente que seriam extremamente difíceis de saber sem a ajuda desse poder. O quiromante não lê essas linhas como se fossem ruas em um mapa; elas são a chave de nossas almas, uma mandala de carne e osso que revela o mais profundo de nosso ser.

As mãos foram usadas como o primeiro recurso para ajudar a fazer contas. Elas eram vistas como tendo qualidades e simbolismos tanto masculinos quanto femininos, e imagens de mãos eram usadas em todo o mundo como amuletos.

Os gestos dentro dos rituais wiccanos podem facilmente se tornar um costume. Quando invocam a Deusa e o Deus, as mãos podem ser mantidas para o alto e com os dedos abertos para receber seu poder. A Deusa pode ser invocada individualmente com a mão esquerda, o polegar e o dedo indicador virados para cima e formando um meio círculo, enquanto o restante dos dedos fica escondido contra a palma da mão. Esse gesto representa a lua crescente. O Deus é invocado com os dedos indicador e médio da mão direita elevados, ou com os dedos indicador e mindinho levantados, o polegar segurando os demais dedos contra a palma da mão, para representar seus chifres.

Os elementos podem ser invocados por meio de gestos individuais que apontem às quatro direções: a mão aberta paralela ao chão para invocar a terra ao norte; a mão levantada, com os dedos bem abertos, para invocar o ar ao leste; o punho levantado em direção ao sul para invocar o fogo, e a mão em concha em direção ao oeste para invocar a água.

Dois gestos, juntamente com posturas, são usados há muito tempo para invocar a Deusa e o Deus e têm seus nomes. A posição da Deusa é feita deixando os pés levemente separados no chão, mantendo as mãos para fora, as palmas longe de você, os cotovelos levemente dobrados. Essa posição pode ser usada para invocar a Deusa ou sintonizar-se com suas energias.

A posição do Deus consiste em manter os pés unidos, o corpo rigidamente reto, os braços cruzados no peito (o direito sobre o esquerdo, geralmente), mãos fechadas em punho. Algumas vezes, instrumentos como a varinha e o punhal (*athame*) são segurados nas mãos, imitando a prática dos faraós do Antigo Egito que seguravam um cetro e um chicote em uma posição similar enquanto disputavam poder e territórios.

Nos trabalhos em grupo, a Suma Sacerdotisa e o Sumo Sacerdote geralmente assumem essas posições quando estão invocando a Deusa e o Deus. Em trabalhos individuais, eles podem ser usados para identificar os aspectos das divindades dentro de nós, e também durante rituais invocatórios separados.

Os gestos também são usados na magia. Cada um dos dedos está relacionado a um planeta específico, assim como a uma antiga divindade. Já que apontar o dedo é um ato mágico e faz parte de muitos feitiços, o dedo pode ser escolhido por seu simbolismo.

O polegar está relacionado à deusa Vênus e ao planeta Terra. Júpiter (tanto o planeta quanto o deus) rege o indicador. O dedo médio é regido pelo deus e pelo planeta Saturno; o dedo anelar, pelo sol e por Apolo; e o dedo mindinho, pelo planeta e pelo deus Mercúrio.

Muitos feitiços envolvem o uso dos dedos de Júpiter e Saturno, geralmente apontando um objeto a ser carregado ou imbuído com energia mágica. O poder é visualizado à medida que viaja diretamente dos dedos até o objeto.

Outros gestos usados em rituais wiccanos incluem o "corte" dos pentagramas em quatro partes, desenhando-os no ar com o punhal mágico, a varinha ou o dedo indicador. Isso se faz para expulsar ou invocar alternadamente os poderes dos elementos. Esse ritual, é claro, é realizado através da visualização.

A mão também pode ser vista como um caldeirão, já que pode conter água; pode segurar um *athame*, já que é usada para direcionar a energia mágica, e pode segurar uma varinha, já que também pode fazer invocações.

Os gestos são ferramentas mágicas tão potentes quanto todas as demais, ferramentas que podemos sempre trazer conosco, para serem usadas quando necessário.

6
Rituais e Preparação para Rituais

Eu defini os rituais como "uma forma específica de movimento, manipulação de objetos ou uma série de processos internos feitos para produzirem os efeitos desejados" (ver glossário, página 229). Na Wicca, os rituais são cerimônias que celebram e fortalecem nosso relacionamento com a Deusa, com o Deus e com a Terra.

Esses rituais não precisam ser preparados com antecedência, ensaiados ou serem tradicionais, nem aderirem cegamente a um padrão ou forma em particular. De fato, os wiccanos com quem já conversei a respeito concordam que os rituais espontâneos podem ser os mais poderosos e eficazes.

Um ritual wiccano pode consistir em um celebrante sozinho acendendo uma vela, entoando nomes sagrados e assistindo ao nascer da lua. Ou pode envolver dez ou mais pessoas, algumas delas assumindo vários papéis em interpretações míticas ou recitando longos discursos em honra aos Deuses. O ritual pode ser antigo ou ter sido escrito recentemente. Sua forma exterior não importa, desde que alcance a consciência das divindades dentro da Wicca.

Os rituais wiccanos geralmente acontecem nas noites de lua cheia e durante os oito dias de poder, os antigos festivais agriculturais e sazonais da Europa. Os rituais geralmente são espirituais por natureza; porém, também podem incluir trabalhos de magia.

Na seção III, você encontrará um livro completo de rituais, o *Livro das Sombras das Pedras Erguidas*. A melhor forma de aprender a Wicca é praticá-la; assim, com o passar do tempo, executando rituais como os que são encontrados neste livro ou como aqueles que você mesmo escreveu, você obterá o real entendimento sobre a verdadeira natureza da Wicca.

Muitos dizem que querem praticar a Wicca; porém, eles se acomodam e dizem que não podem observar a lua cheia durante um ritual porque não têm um professor, não são iniciados ou porque não sabem o que fazer. Essas são desculpas. Se tiver interesse na prática da Wicca, simplesmente pratique-a.

Ao praticante solitário, a criação de novos rituais pode ser uma prática emocionante. Você pode passar noites com obras de consulta, montando alguns rituais e invocações, ou simplesmente permitir que o espírito do momento e que a sabedoria das divindades tomem conta de você com sua inspiração. Não importa como eles são criados, todos os rituais devem ser feitos com prazer, não por obrigação.

Se preferir, sincronize seus rituais às estações do ano, às festas pagãs e às fases da lua (para saber mais sobre o assunto, ver capítulo 8, "Os Dias de Poder", página 87). Se você se sentir particularmente atraído por outros calendários sagrados, sinta-se à vontade para adaptá-los. Já foram criadas adaptações muito bem-sucedidas de rituais wiccanos utilizando sistemas mágico-religiosos do Antigo Egito, dos indígenas americanos, do Havaí, da Babilônia, entre outros. Apesar de a Wicca ter uma origem basicamente europeia e britânica, isso não representa um empecilho para nós. Somos todos livres para fazer o que quisermos como wiccanos solitários que somos. Enquanto os rituais forem plenos e eficazes, por que nos preocuparmos?

As instruções sobre como criar seus próprios rituais encontram-se no capítulo 13; porém, algumas delas relacionadas ao seu preparo estão mais bem descritas aqui.

Em primeiro lugar, assegure-se de não ser interrompido durante seus rituais religiosos (ou mágicos). Se estiver em casa, diga à sua família que estará ocupado e que não poderá ser perturbado. Se estiver sozinho, tire o telefone do gancho, tranque as portas e feche as cortinas, se quiser. O melhor a fazer é se assegurar de ficar sozinho, sem ser perturbado por algum tempo.

Para iniciar qualquer ritual, é comum tomar um banho antes. Houve um tempo em que eu simplesmente não conseguia iniciar um ritual sem antes ter tomado um banho rápido. Isso, em parte, é psicológico: se você se sente limpo e revigorado das preocupações diárias, irá se sentir à vontade em contactar a Deusa e o Deus.

A purificação ritual é uma característica comum entre muitas religiões. Dentro da Wicca, vemos a água como uma substância purificadora que limpa o ambiente das vibrações negativas das tensões do dia a dia e que nos permite estar diante das divindades com pureza de corpo e de pensamentos.

Em um nível mais profundo, a imersão na água nos une às nossas memórias mais importantes. Tomar banho em uma banheira de água gelada e salgada é como entrar nas ondas do receptivo mar, o domínio da Deusa. Isso nos prepara espiritual e fisicamente (você já se sentiu diferente na banheira?) para a experiência pela qual vamos passar.

O banho geralmente se torna um ritual. Velas podem ser acesas no banheiro, assim como incensos. Óleos perfumados ou sachês de ervas podem ser colocados na água. Meu sachê de purificação preferido para banho consiste em uma mistura de alecrim, funcho, lavanda, manjericão, tomilho, hissopo, verbena, hortelã e uma pitada de raiz de valeriana. (Essa fórmula foi retirada de *A Chave de Salomão*.) Envolva essa mistura de ervas em um pano, amarre-o e jogue-o na banheira.

Os rituais feitos ao ar livre, próximos do mar ou de lagos e riachos, podem começar com um rápido mergulho. É claro, o banho nunca será possível quando ocorrerem rituais espontâneos. Até mesmo a necessidade desses banhos é questionada por alguns. Se desejar se banhar, faça-o. Se não sentir essa necessidade, não o faça.

Depois do banho, é hora de se vestir para o ritual. Para muitos wiccanos atuais (principalmente aqueles influenciados pelos escritos e ideais de Gerald Gardner ou de um de seus discípulos – ver bibliografia, página 241), a nudez é a melhor forma de invocar as divindades da Natureza. Certamente é a condição mais natural do corpo humano;

porém, a nudez em rituais não é para todo mundo. A Igreja fez muito para criar sentimentos de vergonha relacionados ao corpo humano descoberto. Essas emoções distorcidas e antinaturais sobrevivem até hoje.

Existem muitas razões para a insistência da nudez em rituais.[9] Alguns wiccanos afirmam que o corpo coberto não consegue emitir o poder pessoal tão bem quanto o corpo nu; porém, declaram que, quando necessário, os rituais feitos em locais fechados e com o corpo coberto são tão eficazes quanto os rituais feitos em locais abertos e com o corpo nu.

Vestidos, os wiccanos invocam uma magia tão eficaz quanto a magia invocada por wiccanos adeptos do nudismo. A roupa não funciona como uma barreira para a transmissão de poderes.

Uma explicação mais convincente seria a de que a nudez nos rituais wiccanos teria um valor simbólico: mental, espiritual, assim como a nudez física diante da Deusa e do Deus simbolizaria a honestidade e a abertura wiccanas. A nudez ritualística era muito praticada em religiões ancestrais e pode ser encontrada hoje nas áreas mais remotas do mundo; portanto, essa não é exatamente uma ideia nova, exceto para alguns ocidentais.

Apesar de existirem muitos grupos um tanto quanto insistentes na prática da nudez ritualística, essa não é uma questão especialmente preocupante. Sendo um praticante solitário, a escolha é inteiramente sua. Se não se sentir à vontade com a nudez ritualística, mesmo na privacidade de sua casa, não a pratique. Existem muitas opções.

Trajes especiais, como mantos e tabardos, fazem bastante sucesso entre alguns wiccanos. Há vários motivos para o uso de mantos; um deles é que o uso de roupas vestidas somente para a magia transmite uma atmosfera mística aos rituais e aumenta sua consciência ao que está por vir; assim, acaba promovendo uma consciência a respeito do ritual.

As cores também são usadas conforme as vibrações específicas que elas emanam. A lista a seguir mostra uma variedade de cores usadas em mantos. Se eu estivesse especialmente interessado na magia herbórea

---

9. Uma delas, que quase nunca é mencionada, é a mais óbvia: as pessoas gostam de ver corpos nus. Algumas pessoas inescrupulosas formam grupos com o único objetivo de praticar a nudez social. Esses grupos claramente deturpam os reais propósitos da Wicca: a união com a Deusa e com o Deus e a reverência à Natureza. Porém, apresso-me em dizer que esse não é o caso da maioria dos grupos que pratica a nudez em rituais wiccanos.

ou na realização de rituais criados para deter a proliferação de usinas e armas nucleares, talvez usasse um manto verde para ajudar a conectar meus rituais com as energias da terra. Mantos específicos também podem ser feitos e usados por pessoas aplicadas para a realização de certos feitiços ou ciclos de feitiços, de acordo com a descrição a seguir.

O **amarelo** é uma cor excelente para aqueles que se envolvem com o dom da adivinhação.

O **roxo** é a cor ideal para aqueles que trabalham com o poder divino puro (magos) ou para aqueles que desejem aprofundar a consciência espiritual da Deusa e do Deus.

O **azul** é ideal para os curandeiros e para aqueles que trabalham com a consciência psíquica ou que queiram entrar em sintonia com a Deusa em seu aspecto marítimo.

O **verde** rege os herboristas e os ecologistas mágicos.

O **marrom** é usado por aqueles que entram em sintonia com os animais ou por aqueles que lançam feitiços para os animais.

O **branco** simboliza a purificação e a pureza de espírito, além de ser perfeito para a meditação e para os rituais de limpeza. Essa cor é usada em celebrações de lua cheia ou para entrar em sintonia com a Deusa.

Os mantos **laranja** ou **vermelhos** podem ser usados nos sabás, para os rituais de proteção, ou quando se procurar entrar em sintonia com o Deus em seu aspecto solar feroz.

Os mantos **pretos** são bastante populares. Ao contrário do que a maioria das pessoas acredita, o preto não simboliza o mal. Ele nada mais é do que a ausência de cor. Ele é um matiz protetor e simboliza a noite, o universo e a ausência de falsidade. Quando um wiccano usa um manto negro, ele está usando, na verdade, a escuridão do espaço – simbolicamente, a fonte principal da energia divina.

Se tudo isso for muito complicado para você, simplesmente faça ou compre um manto e use-o para todos os rituais.

Os tipos de manto vão desde o modelo simples de roupão de banho até os mantos em estilo monástico com capuz e mangas em forma de sino que podem pegar fogo se estiverem muito próximas de velas. Alguns wiccanos usam mantos com capuz para afastar interferências externas e controlar o estímulo sensorial durante os rituais. Essa ideia é muito boa para a magia e a meditação, mas não para os rituais wiccanos religiosos, quando deveríamos estar nos abrindo à natureza em vez de cortar nossas conexões com o mundo físico.

Se você não quiser usar essa vestimenta, se não puder costurá-la ou simplesmente não puder encontrar alguém que a faça para você, use uma roupa limpa feita de fibras naturais como algodão, lã e seda.[10] Você estará fazendo tudo certo sempre que se sentir confortável com o que está vestindo (ou não). Por que não experimentar para ver o que combina melhor com você?

Após colocar toda a vestimenta, naturalmente chega a vez de selecionar e usar as joias para os rituais. Muitos wiccanos têm coleções de peças exóticas com *designs* religiosos ou mágicos. Então, também, os amuletos e talismãs (peças feitas para afastar ou atrair energias) geralmente têm seu número dobrado. Peças como colares feitos de âmbar e azeviche, pulseiras de prata ou ouro usadas nos pulsos, coroas de prata decoradas com luas crescentes, anéis de esmeraldas e pérolas, inclusive ligas para rituais decoradas com pequenas fivelas de prata, geralmente fazem parte dos enfeites wiccanos.

Porém, você não precisa comprar ou fazer essas extravagâncias. Deixe tudo simples por agora. Se você se sentir confortável usando uma ou duas peças de joias durante os rituais, tudo bem! Escolha designs que abranjam formas em meia-lua, em *ankhs*, em estrelas de cinco pontas (pentagramas), entre outros. Muitos fornecedores possuem esse tipo de

---

10. Percebo que essa é uma afirmação herética. Muitos wiccanos ficam furiosos quando sugiro isso. Essa reação é produto da educação wiccana tradicional. No entanto, sinto que usar uma roupa normal limpa durante um ritual não é mais absurdo do que usar os mantos comuns, incômodos e quentes tão amados por muitos deles. A escolha é de cada um.

joias esotéricas em seu estoque. Se quiser reservar essas peças para usar em rituais, tudo bem. Muitos o fazem.

Sempre me perguntam se possuo alguma peça que traga boa sorte, alguma joia, amuleto ou algum outro objeto de poder. Eu não possuo.

Essa resposta geralmente surpreende, mas essa decisão faz parte de minha filosofia mágica. Se eu tivesse determinado que uma peça de joia (um anel, um pingente, um cristal de quartzo, etc.) seria meu objeto de poder, minha ligação com os Deuses, minha certeza de boa sorte, ficaria devastado caso ela fosse roubada, caso a perdesse, caso a visse em outro lugar, ou se de alguma forma ela estivesse longe de mim.

Eu poderia dizer que o poder havia saído dela, que ela era um limão mágico, levado por seres superiores, ou que eu não sou tão sábio quanto penso que sou. De qualquer forma, estaria devastado.

Não é muito inteligente de nossa parte depositarmos todas as nossas esperanças, nossos sonhos e nossas energias em meros objetos. Isso é uma limitação, uma representação direta do materialismo imposto a nós durante toda a nossa vida. É fácil dizer: "Não consigo fazer nada desde que perdi meu colar da sorte de pedra da lua". Também é fácil cair na tentação de pensar: "Nada mais deu certo na minha vida desde que meu anel do Deus cornífero desapareceu".

O que *não é fácil* de enxergar é que *todo o poder e a sorte de que precisamos está em nós mesmos*. Não está em objetos, a menos que permitamos que isso aconteça. Se fizermos isso, ficaremos propensos à perda de nosso poder pessoal e de nossa sorte, algo que não estou disposto a entregar.

Os objetos de poder e as joias podem, de fato, nos fazer lembrar da Deusa e do Deus e dos símbolos com os quais temos mais afinidades. Porém, acredito que não devemos permitir que eles se tornem mais do que isso.

Mesmo assim, eu ainda tenho algumas peças (um pentagrama de prata, uma imagem da Deusa, um *ankh* egípcio, um anzol havaiano que simboliza o deus Maui) que às vezes uso durante os rituais. Usar esses objetos desperta a mente e produz o estado de consciência que é necessário para obter sucesso nos rituais.

Não digo que não se deva transmitir poder aos objetos: de fato, é assim que os talismãs e amuletos são carregados. Eu simplesmente prefiro não fazer isso com joias pessoais e com joias para serem usadas em rituais.

Alguns objetos naturais, como os cristais de quartzo, são usados para transmitirem suas energias e, com isso, proporcionarem mudanças específicas. Esse tipo de "objeto de poder" nada mais é do que um complemento das energias pessoais – porém, é perigoso confiar exclusivamente neles.

Se usar peças específicas fizer você se sentir em um clima mágico ou se usar uma imagem da Deusa ou de um de seus símbolos sagrados fizer você se sentir mais próximo a ela, tudo bem.

No entanto, seu objetivo talvez devesse ser a habilidade de constantemente entrar em sintonia com o mundo oculto que nos cerca e com a realidade da Deusa e do Deus, mesmo em meio às maiores loucuras da experiência humana.

Portanto, agora você já está limpo, vestido, arrumado e pronto para o ritual. Alguma outra consideração? Sim, uma importante: companhia.

Você prefere venerar os Antigos Deuses da Wicca sozinho ou acompanhado? Se tiver amigos interessados, pode convidá-los a se juntarem a você.

Se não, sem problemas. Os rituais particulares são bons quando se está começando a prática da Wicca. A presença de pessoas que pensem como você é maravilhosa; porém, pode ser inibidora também.

Existem rituais em que outras pessoas não podem estar presentes. Uma olhada inesperada à lua cheia parcialmente coberta por nuvens chama por momentos de silêncio ou sintonia, invocação ou meditação. Esses rituais devem ser compartilhados somente com a Deusa e com o Deus. As divindades não se anunciam em cerimônias; elas são imprevisíveis e livres como a Natureza.

Se quiser se reunir com seus amigos em seus rituais, faça-o somente com aqueles que realmente se sintonizam com o que você acredita em relação à Wicca. Os pensamentos curiosos e distraídos não o ajudarão a obter progresso em seus rituais wiccanos.

Tome cuidado também com o interesse pelo amor – com o namorado ou a namorada, o marido ou a esposa que demonstre interesse somente porque você tem esse interesse. Pode parecer um interesse genuíno, mas, passado um tempo, você poderá perceber que ele(a) não contribui em nada para os rituais.

Existem muitos aspectos maravilhosos relacionados aos trabalhos feitos em grupo; eu já passei por isso. O melhor da Wicca pode ser encontrado em um bom grupo (e o pior, em um que seja ruim), mas a maioria das pessoas não consegue entrar em contato com esses grupos. Além disso, essas pessoas podem não ter amigos que se interessem por sua prática. Esse é o motivo pelo qual escrevi este livro dedicado aos praticantes solitários. Se quiser, continue a procura por um professor ou grupo que possa treiná-lo enquanto trabalha com este livro e com outros guias wiccanos. Se chegar a conhecer alguém, poderá conversar com essa pessoa usando o conhecimento prático da Wicca a partir do ponto de vista da experiência pessoal, em vez de aprender somente com o livro.

Apesar da ênfase sobre as iniciações e os trabalhos em grupo colocada na maioria dos livros sobre a Wicca, a Wicca solitária não deveria ser vista somente como uma segunda opção. Atualmente, existem muito mais pessoas sozinhas venerando os Anciãos do que grupos de pessoas, e um número surpreendente delas o faz por escolha própria. Salvo por algumas reuniões às quais eu vou a cada ano, sou uma dessas pessoas.

Nunca se sinta inferior por não estar praticando sob a supervisão de um professor ou de um grupo já estabelecido. Não se preocupe por não ser reconhecido como um wiccano de verdade. Esse reconhecimento é importante somente aos olhos daqueles que o dão ou o negam; do contrário, é inútil.

Você só precisa se preocupar com agradar a si mesmo e com o fato de desenvolver uma sintonia com a Deusa e o Deus. Sinta-se à vontade para criar seus próprios rituais. Quebre as correntes da rigidez e da ideia de "livros reveladores" que devem ser cegamente seguidos. A Wicca é uma religião que sempre se desenvolve. Sua base é o amor pela Natureza e pela Deusa e pelo Deus, e não as tradições intermináveis e os antigos rituais.

Não estou dizendo que a Wicca tradicional seja ruim. Longe disso. De fato, quando me iniciei na Wicca, recebi os ensinamentos de várias tradições, cada uma delas com seus próprios rituais de iniciação, observações sobre o sabá e o *esbat* (ver capítulo 8, "Os Dias de Poder", página 87), nomes da Deusa e do Deus, lendas e tradições mágicas. Porém, após receber esses "segredos", percebi que eles são todos iguais e que os principais segredos estão disponíveis a qualquer um que tenha tempo de observar a Natureza como uma manifestação da Deusa e do Deus.

Toda tradição (expressão) da Wicca, seja ela ensinada ou intuitivamente executada, se compara a uma pétala de flor. Nenhuma pétala constitui a flor inteira; todas elas são necessárias para a existência da flor. O caminho solitário faz parte da Wicca como qualquer outro.

7
O Círculo Mágico e o Altar

O círculo, o círculo mágico ou a esfera é um templo bem definido, apesar de não ser físico. Hoje em dia, a maioria dos rituais e dos trabalhos mágicos da Wicca acontece nesse local específico que tem esse poder pessoal.

O círculo mágico tem uma origem antiga. Formas parecidas eram usadas na magia da antiga Babilônia. Os magos cerimoniais da Idade Média e da Renascença também utilizavam essas formas, assim como as diversas civilizações indígenas americanas, apesar de, talvez, não pelas mesmas razões.

Existem dois tipos principais de círculos mágicos. Aqueles usados por magos cerimoniais antigos (e modernos) são feitos para protegerem o mago das forças que ele pode despertar. Na Wicca, o círculo é usado para criar um espaço sagrado onde as pessoas podem ter um encontro com a Deusa e o Deus.

Na Europa pré-cristã, a maioria dos festivais religiosos pagãos acontecia ao ar livre. Eram celebrações do sol, da lua, das estrelas e da fertilidade da terra. As pedras erguidas, os círculos de pedra, os bosques sagrados e as fontes reverenciadas da Europa são lembranças daquela época.

Os rituais pagãos começaram a ocorrer em locais fechados quando foram considerados contra a lei pela então recentemente poderosa Igreja.

Os campos não mais ouviram o som das vozes entoando os antigos nomes dos deuses do sol, e a lua não mais foi venerada nos céus à noite.

Os pagãos começaram a esconder seus rituais. Alguns ainda os praticavam ao ar livre somente na escuridão da noite. Outros levaram seus rituais para locais fechados.

A Wicca, infelizmente, herdou essa última prática. Para muitos wiccanos, os rituais feitos ao ar livre são uma novidade, um descanso agradável dos rituais tão presos feitos em locais fechados. Eu chamo essa síndrome de "Wicca na sala". Apesar de a maioria dos wiccanos praticar sua religião em locais fechados, o ideal seria mesmo praticar os rituais ao ar livre, embaixo do sol e da lua, na Natureza e em locais solitários, distante dos olhares curiosos dos não praticantes.

Esses rituais wiccanos são difíceis de fazer hoje em dia. Os rituais wiccanos tradicionais são complexos e geralmente requerem um grande número de instrumentos para ser realizados. A privacidade também é algo difícil de conseguir, e o medo de ser visto também funciona como um fator de dificuldade. Por que esse medo?

Existem pessoas que poderiam ser responsáveis e inteligentes, mas, em vez disso, prefeririam nos ver mortos a nos ver praticando nossa religião. Esses "cristãos"[11] são poucos, mas com certeza existem, e mesmo hoje em dia os wiccanos se encontram expostos a assédios psicológicos e à violência física pelas mãos daqueles que não compreendem a própria religião.

Não deixe isso assustá-lo. Os rituais podem ser feitos ao ar livre, se forem modificados para atraírem o mínimo de atenção. Usar um manto preto com capuz, mexer um caldeirão e exibir punhais em um parque público não é a melhor forma de evitar ser notado.

Recomenda-se o uso de roupas normais em rituais feitos ao ar livre onde você possa ser visto. Os instrumentos podem ser usados, mas lembre-se de que estes são apenas acessórios, não uma necessidade. Deixe-os em casa se acreditar que eles podem se tornar um problema.

---

11. Eu coloco essa palavra entre aspas por razões óbvias: essas pessoas tão violentas e enraivecidas, com certeza, não são cristãs. Até mesmo os fundamentalistas limitam suas atividades ao discurso e aos piquetes – não à violência, às bombas e aos espancamentos.

Em uma viagem que fiz para Maui em 1987, acordei no início da manhã e saí para dar uma volta na praia. O sol estava nascendo atrás do Haleakala, tingindo o mar em tons de rosa e vermelho. Caminhei pela areia de corais até um local onde a água morna se chocava com as rochas vulcânicas.

Ali coloquei uma pequena pedra na areia em honra às antigas divindades havaianas. Sentei-me à sua frente, abri-me à presença dos *akua* (deuses e deusas) que me cercavam. Em seguida, caminhei em direção ao mar e atirei um colar de flores, oferecendo-o a Hina, Pele, Laka, Kane, Lono, Kanaloa e a todo o seu séquito.[12]

Eu não disse muita coisa e também não usei nenhum instrumento. Ainda assim, as divindades estavam lá, ao meu redor, à medida que as ondas se chocavam com minhas pernas e o sol se mostrava em toda a sua força por cima do antigo vulcão, tocando o mar e deixando-o com uma cor verde-esmeralda.

Os rituais feitos ao ar livre como este podem ser mil vezes mais eficientes *porque são feitos ao ar livre*, não em um quarto cheio de aço, plástico e objetos pertencentes à nossa tecnologia.

Quando não for possível (o clima, com certeza, é um fator), os wiccanos transformam suas salas e quartos em locais cheios de poder. Eles o fazem criando um espaço sagrado, um ambiente mágico onde as divindades são bem-vindas e veneradas, e onde eles próprios conseguem perceber a força interna que o Deus e a Deusa lhe dão. A magia também pode ser praticada ali. Esse espaço sagrado é o círculo mágico.

Esse é praticamente considerado um, prerrequisito para os trabalhos feitos em locais fechados. O círculo define a área do ritual, retém o poder pessoal, afasta as energias que distraem – em suma, ele cria a atmosfera perfeita para os rituais. Estar dentro de um círculo mágico, observar o brilho das velas no altar, sentir o cheiro do incenso e chamar por nomes antigos é uma experiência evocativa maravilhosa. Quando benfeito e visualizado, o círculo mágico cumpre sua função de nos aproximar das divindades.

O círculo é feito com o poder pessoal que é sentido (e visualizado) emanando do corpo, através do punhal mágico (*athame*), e pelo ar.

---

12. Ou, como os havaianos os chamariam, os 4 mil deuses, os 40 mil deuses e os 400 mil deuses. Os "deuses" aqui se referem às divindades e aos seres semidivinos de ambos os sexos.

Quando completo, o círculo é uma esfera de energia que abrange toda a área de trabalho. A palavra "círculo" é um termo errado; uma *esfera* de energia é criada na verdade. O círculo simplesmente marca o anel onde a esfera toca a terra (ou o chão) e continua através dela para formar a outra metade.

Faz-se uma espécie de marca no chão para mostrar onde o círculo divide a terra. Essa marca pode ser uma corda colocada em formato circular, um círculo levemente desenhado com giz ou alguns objetos colocados para mostrar seus contornos. Esses objetos podem ser flores (ideal para rituais feitos na primavera e no verão); ramos de pinheiro (festivais de inverno), pedras ou conchas; cristais de quartzo e até mesmo cartas de tarô. Utilize objetos que façam brilhar sua imaginação e que combinem com o ritual em questão. (Ver capítulo 13, "Modelo de Rituais", página 123, para obter mais informações relacionadas ao círculo mágico.)

O círculo geralmente tem nove pés [menos de três metros] de diâmetro,[13] apesar de que qualquer tamanho esteja bom se você se sentir confortável dentro dele. Os pontos cardeais geralmente são marcados com velas acesas ou com os instrumentos usados nos rituais colocados em cada ponto.

O pentáculo ou uma tigela de sal ou de terra podem ser colocados ao norte. Esse é o domínio da terra, o elemento de estabilização, de fertilidade e de cuidado que é a base dos outros três.

O incensário que queima lentamente o incenso é colocado a leste, a casa do elemento intelectual, o ar. Flores frescas ou palitos de incenso também podem ser usados. O ar é o elemento da razão, da comunicação, do movimento, da adivinhação e da espiritualidade ascética.

Ao sul, uma vela geralmente representa o fogo, o elemento da transformação, da paixão e da mudança, do sucesso, da saúde e da força. Uma lâmpada a óleo ou um pedaço de rocha vulcânica também podem ser usados.

Uma xícara ou uma tigela de água pode ser colocada na parte oeste do círculo para representar a água, o último dos quatro elementos. A

---

13. Nove é o número da Deusa.

água é o domínio das emoções, da mente psíquica, do amor, da cura, da beleza e da espiritualidade emocional.

Novamente, esses quatro objetos podem ser colocados no altar, suas posições correspondendo às direções e aos seus atributos elementais.

Uma vez que o círculo esteja formado ao redor do espaço de trabalho, os rituais têm início. Durante os trabalhos de magia, o ar dentro do círculo pode ficar desconfortavelmente aquecido – isso proporcionará uma sensação realmente diferente do mundo exterior, uma sensação de energia e poder.

O círculo é um produto da energia, um objeto palpável que pode ser percebido e sentido por meio da experiência. Não é somente um anel de flores ou uma corda, mas sim uma barreira sólida e viável.

No pensamento wiccano, o círculo representa a Deusa, os aspectos espirituais da Natureza, a fertilidade, a infinidade e a eternidade. Ele também simboliza a própria terra.

O altar, com os instrumentos, fica ao centro do círculo. Ele pode ser feito de qualquer material, apesar de a madeira ser o preferido. O carvalho é especialmente recomendado por seu poder e força, assim como o salgueiro, que é sagrado para a Deusa.

Deusa	Deusa e Deus	Deus

Divinas simbólicas do altar

A Wicca não acredita que a Deusa e o Deus ocupem o altar. O altar é um local de poder e magia, mas não é sacrossanto. Apesar de o altar ser geralmente preparado e desmontado a cada ritual mágico, alguns wiccanos também têm altares permanentes em casa. Seu santuário pode se tornar esse altar.

O altar às vezes é redondo, para representar a Deusa e a espiritualidade, mas também pode ser quadrado, o que simboliza os elementos. Ele pode não ser nada além de uma área no chão, uma caixa de papelão coberta por um pano, dois blocos de concreto com uma tábua por cima, uma mesinha de café, um antigo tronco de árvore serrado, encontrado dentro de um bosque, ou uma grande rocha plana. Durante os rituais realizados ao ar livre, o fogo pode substituir o altar. Uma varinha de incenso pode ser usada para demarcar o círculo. Os instrumentos usados são os poderes da mente.

Os instrumentos wiccanos geralmente são dispostos em posições específicas no altar. Geralmente, o altar é montado na parte central do círculo em direção ao norte. O norte é uma direção do poder. Ele está associado à terra; e, como esta é nossa casa, podemos acabar nos sentindo mais à vontade com esse alinhamento. No entanto, alguns wiccanos montam seus altares em direção ao leste, onde o sol e a lua nascem.

A metade esquerda do altar é geralmente dedicada à Deusa. Os instrumentos sagrados para ela são colocados ali: a taça, o pentáculo, o sino, o cristal e o caldeirão. Pode-se colocar também uma imagem da Deusa, e uma vassoura pode ser encostada ao lado esquerdo do altar.[14]

Se você não conseguir encontrar uma boa imagem da Deusa (ou, simplesmente, se não quiser uma), esta pode ser substituída por uma vela verde, prateada ou branca. O caldeirão também pode às vezes ser colocado no chão, ao lado esquerdo do altar, se for muito grande para caber em cima dele.

Ao lado direito, a ênfase recai para o Deus. Uma vela vermelha, amarela ou dourada ou uma imagem apropriada são colocadas lá, assim como o incensário, a varinha, o *athame* (o punhal mágico) e um punhal de cabo branco.

Flores também podem ser colocadas no meio, talvez em um vaso ou em um pequeno caldeirão. Além disso, o incensário também é muitas vezes colocado na parte central do altar para que sua fumaça seja oferecida à Deusa e ao Deus, e o pentáculo pode ser colocado diante do incensário.

Alguns wiccanos seguem um plano de altar mais antigo e baseado na Natureza. Para representar a Deusa, uma pedra arredondada (se possível, com um furo), uma boneca de milho ou uma concha servem bem. Cones de pinheiro, pedras pontiagudas e sementes de carvalho podem ser usados para representar o Deus. Use sua imaginação quando montar o altar.

---

14. Alguns wiccanos – principalmente aqueles que reivindicam a espiritualidade feminina – também podem colocar um *labrys* (machado de dupla lâmina) no altar. O *labrys* simboliza as fases da lua e da Deusa. Ele foi muito usado em Creta.

Se você estiver praticando magia dentro do círculo, todos os objetos necessários deverão estar do lado de dentro antes de começar os rituais, tanto no altar quanto embaixo dele. Nunca se esqueça de ter fósforos por perto e uma pequena tigela para colocar os fósforos já utilizados (é falta de educação jogá-los no incensário ou no caldeirão).

Apesar de podermos colocar imagens da Deusa e do Deus no altar, não somos adoradores de ídolos. Nós não acreditamos que uma estátua ou uma pilha de pedras seja, de verdade, a divindade representada. E, apesar de reverenciarmos a natureza, não adoramos árvores, pássaros ou pedras. Simplesmente nos deleitamos ao enxergar a natureza como a manifestação das forças criadoras do Universo – a Deusa e o Deus.

Símbolo da Deusa ou vela	Incensário	Símbolo do Deus ou vela
Tigela com água	Vela vermelha	Tigela com sal
Taça	Pentáculo	Incenso
Cristal	Caldeirão ou materiais para feitiços	Punhal/varinha
Sino		*Bolline*

Disposição sugerida para o altar

O altar e o círculo mágico no qual ele se encontra são pessoais e devem agradá-lo. Minha primeira professora wiccana montava altares elaborados de acordo com a ocasião – caso não pudéssemos praticar nossos rituais ao ar livre. Em um ritual da lua cheia, ela cobriu o altar com cetim branco, colocou velas brancas em candelabros de cristal, além de colocar um cálice de prata, rosas brancas e cinerárias com suas folhagens cinzentas. Um incenso de rosas brancas, sândalo e gardênias emanava seu aroma pelo ar. O altar brilhante tomava conta do local com as energias lunares. Nosso ritual naquela noite foi inesquecível.

Desejo que o mesmo aconteça com você.

8

Os Dias de Poder

No passado, quando as pessoas conviviam com a Natureza, a mudança das estações e o ciclo mensal da lua tinham um profundo impacto nas cerimônias religiosas. Como a lua era vista como um símbolo da Deusa, as cerimônias de veneração e magia ocorriam sob sua luz. A chegada do inverno, os primeiros indícios da primavera, o calor do verão e o advento do outono também eram marcados por rituais.

Os wiccanos, herdeiros das religiões pré-cristãs populares da Europa, ainda celebram a lua cheia e observam a mudança das estações. O calendário religioso da Wicca contém 13 celebrações da lua cheia e oito sabás ou dias de poder.

Quatro desses dias (ou, mais precisamente, noites) são determinados pelos solstícios e equinócios,[15] os inícios astronômicos das estações. As outras quatro ocasiões para os rituais se baseiam nos antigos festivais (e, em parte, nos festivais do Oriente Médio antigo). Os rituais dão estrutura e ordem ao ano wiccano e também nos fazem lembrar o ciclo interminável que continuará mesmo após nossa morte.

Quatro dos sabás – talvez aqueles observados por mais tempo – provavelmente foram associados à agricultura e à época de nascimentos de animais. Esses sabás são o *Imbolc* (2 de fevereiro no hemisfério norte, 1º de agosto no hemisfério sul), o *Beltane* (30 de abril no hemisfério

---

15. Traços desse costume antigo são até mesmo encontrados no Cristianismo. A Páscoa, por exemplo, ocorre no domingo seguinte à primeira lua cheia após o equinócio da primavera, uma forma bem "pagã" de organizar os rituais religiosos.

norte, 1º de novembro no hemisfério sul), o *Lughnasadh* (1º de agosto no hemisfério norte, 1º de fevereiro no hemisfério sul) e o *Samhain* (31 de outubro no hemisfério norte, 30 de abril no hemisfério sul). Esses nomes são celtas e são bastante comuns entre os wiccanos, apesar de existirem muitos outros.

Quando a observação minuciosa do céu levou ao conhecimento do ano astrológico, os solstícios e os equinócios (aproximadamente em 21 de março, 21 de junho, 21 de setembro e 21 de dezembro; as datas reais variam de ano a ano) foram introduzidos a essa estrutura religiosa.[16]

Quem foram as primeiras pessoas a venerarem e a se conscientizarem a respeito da energia naquela época? Essa é uma pergunta que não pode ser respondida. Esses dias e noites sagrados, no entanto, representam as origens das 21 celebrações ritualísticas wiccanas.

Muitas delas existem até hoje, tanto nas formas seculares quanto nas religiosas. O Primeiro de Maio, o Halloween, o Dia da Marmota e até mesmo o Dia de Ação de Graças, para citar alguns feriados populares norte-americanos, estão todos ligados à antiga veneração pagã. As versões cristianizadas dos sabás também foram preservadas dentro da Igreja Católica.

Os sabás são rituais solares que marcam os pontos do ciclo anual do sol e representam a metade dos rituais anuais da Wicca. Os *esbats* são as celebrações wiccanas da lua cheia. Nessa época, nós nos reunimos para venerar Aquela que É. Isso não significa que os wiccanos se esqueçam do Deus nos *esbats* – ambos são venerados em todos os rituais.

Existem de 12 a 13 luas cheias por ano, ou uma a cada 28 dias. A lua é um símbolo da Deusa e uma fonte de energia. Portanto, após os aspectos religiosos dos *esbats*, os wiccanos muitas vezes praticam a magia, utilizando grandes quantidades de energia supostamente existentes nessa época.

Alguns dos antigos festivais pagãos, despidos de suas qualidades sagradas pelo domínio cristão, foram corrompidos. O Samhain parece ter sido dominado pelos fabricantes de doces nos Estados Unidos, enquanto que o Yule passou a ser de um dos dias pagãos mais sagrados a uma época puramente comercial. Até mesmo o nascimento do Salvador da cristandade é abafado pelo barulho estridente das caixas registradoras.

---

16. Os solstícios, os equinócios e os sabás estão listados no *Llewellyn's Astrological Calendar*.

Mas a antiga magia continua a se fazer presente nesses dias e noites, e a Wicca os celebra. Os rituais variam muito, mas todos estão relacionados às divindades e à nossa casa, a Terra. A maioria dos rituais acontece à noite por razões práticas, assim como para proporcionar uma ideia de mistério. Os sabás, sendo guiados pelo sol, são mais celebrados à tarde e ao amanhecer; porém, já não são tão mais comuns atualmente.

Os sabás nos contam uma das histórias da Deusa e do Deus, de seu relacionamento e de seus efeitos na fecundidade da terra. Existem muitas variações dentro desses mitos, mas existe um ponto em comum, entrelaçado às descrições básicas dos sabás.

Yule

A Deusa deu à luz seu filho, o Deus, no Yule (aproximadamente em 21 de dezembro no hemisfério norte, 21 de junho no hemisfério sul). De forma alguma essa seria uma adaptação do Cristianismo. O solstício de inverno há muito tempo é visto como uma época de nascimentos divinos. Diz-se que Mitra nasceu nessa mesma época. Os cristãos simplesmente adotaram essa época para seu uso em 273 d.C.

O Yule é uma época de grande escuridão, além de ser o menor dia do ano. Os antigos perceberam esse fenômeno e pediram às forças da Natureza para que estas aumentassem a duração dos dias e diminuíssem a duração das noites. Os wiccanos costumam celebrar o Yule pouco antes do amanhecer e, em seguida, assistem ao nascer do sol como o final perfeito para seus esforços.

Já que o Deus é também o sol, este marca a época do ano quando o sol também renasce. Portanto, os wiccanos acendem velas ou fogueiras para dar as boas-vindas ao retorno da luz do sol. A Deusa, que padece com as dores de seu parto, descansa após dar à luz seu filho.

O Yule é o remanescente dos rituais antigos celebrados para apressar o fim do inverno e a dádiva da primavera, época em que a comida voltava a estar disponível. Para os wiccanos contemporâneos, ele funciona como uma lembrança de que o fim da morte é o renascimento, uma ideia reconfortante nesses dias de agitação. (Ver capítulo 9, "A Espiral do Renascimento", página 95.)

Imbolc

O Imbolc (2 de fevereiro no hemisfério norte, 1º de agosto no hemisfério sul) marca a recuperação da Deusa após o nascimento do Deus. Os longos períodos de luz a acordaram. O Deus é um menino forte, mas seu poder é sentido nos dias mais longos. O calor fertiliza a terra (a Deusa), deixando as sementes germinarem e florescerem. E é assim que o início precoce da primavera acontece.

Este é um sabá de purificação após o frio do inverno; ele é feito através do poder de renovação do sol. Ele também é um festival da luz e da fertilidade, que já foi marcado na Europa por enormes fogueiras, tochas e fogo em todas as suas formas. O fogo representa nossa própria iluminação e inspiração, assim como a luz e o calor.

O Imbolc também é conhecido como Festival das Tochas, Oimelc, Lupercália, Festival de Pã, Festival dos Galantos, Festival da Luz Crescente, Dia de Santa Brígida, e provavelmente por muitos outros nomes. Algumas wiccanas seguem o antigo costume escandinavo de usar coroas de velas acesas,[17] mas muitas delas levam consigo círios durante as invocações.

Essa é uma das épocas mais tradicionais para as iniciações em grupos; e, portanto, os rituais de autodedicação, como o ritual descrito no capítulo 12, podem ser realizados ou renovados nessa época.

Ostara

A Ostara (aproximadamente em 21 de março no hemisfério norte, 21 de setembro no hemisfério sul), o equinócio da primavera, também conhecida como a primavera, os Rituais da Primavera e o Dia de Ostara, marca o primeiro dia da verdadeira primavera. As energias da Natureza subitamente mudam da lentidão do inverno à exuberância da primavera. À medida que a Deusa vai acordando de seu sono, a terra começa a ser coberta pela fertilidade e o Deus começa a crescer e a amadurecer. Ele caminha pelos campos verdes e se deleita com a abundância da Natureza.

---

17. Ver as páginas 101–102 de *Buckland's Complete Book of Witchcraft* [*O Livro Completo de Bruxaria de Buckland*] (Llewellyn, 1986 e 2002) para obter mais detalhes.

Na Ostara, tanto o dia quanto a noite têm a mesma duração. A luz se sobrepõe à escuridão; a Deusa e o Deus impelem as criaturas selvagens da terra a se reproduzir.

Essa é uma época de começos, de ação, de lançamentos de feitiços para a obtenção de ganhos futuros e de cultivo de jardins para a realização dos rituais.

Beltane

O Beltane (30 de abril no hemisfério norte, 1º de novembro no hemisfério sul) marca a entrada do jovem Deus à fase adulta. Agitado pelas energias que atuam na Natureza, ele deseja a Deusa. Eles se apaixonam e se movem entre os campos e as flores, e se unem. A Deusa engravida do Deus. Os wiccanos celebram o símbolo de sua fertilidade nesse ritual.

O Beltane (também conhecido como a véspera do Primeiro de Maio) há muito tempo é conhecido como uma época de festivais e rituais. A festa do mastro, um símbolo extremamente fálico, era o ponto central dos antigos rituais celebrados nas vilas inglesas. Muitas pessoas acordavam ainda de madrugada para colher flores e plantas dos campos e jardins, usando-as para decorar a festa do mastro, suas casas e a si mesmas.

As flores e as plantas simbolizam a Deusa; a festa do mastro, o Deus. O Beltane marca a volta da vitalidade, da paixão, e as esperanças renovadas.

Atualmente, os mastros algumas vezes são usados pelos wiccanos durante os rituais do Beltane; porém, o caldeirão geralmente é o objeto principal da cerimônia. Ele representa, é claro, a Deusa – a essência feminina, o fim de todo o desejo, igual, mas oposto ao mastro, símbolo do Deus.

Festa do Verão

A Festa do Verão, o solstício do verão (aproximadamente em 21 de junho no hemisfério norte, 21 de dezembro no hemisfério sul), também conhecido como Litha, chega quando os poderes da Natureza alcançam seu ponto mais alto. A terra é inundada pela fertilidade da Deusa e do Deus.

No passado, as fogueiras eram puladas para promoverem a fertilidade, a purificação, a saúde e o amor. O fogo, mais uma vez, representa o sol, celebrado nessa época quando os dias são mais longos.

A Festa do Verão é uma época perfeita para a prática da magia de todos os tipos.

Lughnasadh

O Lughnasadh (1º de agosto no hemisfério norte, 1º de fevereiro no hemisfério sul) é a época da primeira colheita, quando as plantas da primavera murcham e soltam seus frutos ou sementes para nosso uso, bem como para assegurar as futuras colheitas. Misticamente falando, o Deus também perde sua força à medida que o sol nasce mais ao sul todos os dias e que as noites se tornam mais longas. A Deusa observa com pesar e alegria, já que se dá conta de que o Deus está morrendo, mas ainda assim vive dentro dela como seu filho.

O Lughnasadh, também conhecido como Véspera de Agosto, Festa do Pão, Festival da Colheita e Lammas, na verdade não era necessariamente realizado nesse dia. Essa festividade originalmente coincidiu com as primeiras colheitas.

À medida que o verão passa, os wiccanos relembram seu carinho e generosidade no alimento que comemos. Todas as refeições representam um ato de sintonia com a Natureza e nos lembram de que nada no Universo é constante.

Mabon

Mabon (aproximadamente em 21 de setembro no hemisfério norte, 20 de março no hemisfério sul), o equinócio do outono, representa o término da colheita iniciada no Lughnasadh. Mais uma vez, o dia e a noite têm a mesma duração, equilibrados à medida que o Deus se prepara para abandonar o corpo físico e começar a grande aventura em direção ao desconhecido, à renovação e ao renascimento vindo da Deusa.

A Natureza se esconde, retira sua generosidade, preparando-se para o inverno e para seu descanso. A Deusa cumprimenta o sol enfraquecido, apesar das fortes dores em seu ventre. Ela sente a presença do Deus mesmo com seu declínio.

Samhain

No Samhain (31 de outubro no hemisfério norte, 30 de abril no hemisfério sul), a Wicca se despede do Deus. É um adeus temporário. Ele não está preso na escuridão eterna, mas se preparando para renascer da Deusa no Yule.

O Samhain, também conhecido como Véspera de Novembro, Festival dos Mortos, Festival das Maçãs, Dia de Todos os Santos, antigamente marcava a época dos sacrifícios. Em alguns lugares, essa era a época de sacrifícios animais para assegurar o alimento durante a intensidade do inverno. O Deus – que se identifica com os animais – também cai para assegurar a continuidade de nossa existência.[18]

O Samhain é uma época de reflexão, de repensar os acontecimentos do ano anterior, de aceitar o único fenômeno da vida do qual não temos controle – a morte. A Wicca acredita que nessa noite a separação entre as realidades física e espiritual seja tênue. Os wiccanos recordam seus ancestrais e todos aqueles que vieram antes deles.

Após o Samhain, os wiccanos celebram o Yule, e então a roda do ano se completa.

Com certeza existem mistérios enterrados aqui. Por que o Deus é o filho e depois o amante da Deusa? Isso não é incesto, é um simbolismo. Nessa história camponesa (um dos muitos mitos wiccanos), a inconstante fertilidade da terra é representada pela Deusa e pelo Deus. Esse mito nos fala dos mistérios do nascimento, da morte e do renascimento. Ele celebra os aspectos maravilhosos e os lindos efeitos do amor, além de honrar as mulheres, seres que perpetuam nossa espécie. Ele também aponta a dependência real que os humanos têm da terra, do sol e da lua e os efeitos que as estações do ano têm sobre nossas vidas cotidianas.

---

18. Os wiccanos vegetarianos provavelmente não gostam dessa parte do simbolismo do Samhain, porém ela é tradicional. É claro que não sacrificamos animais no ritual. Essa tradição simboliza a morte do Deus.

Para os camponeses, o principal objetivo do ciclo desse mito é a produção de comida por meio da interação entre a Deusa e o Deus. A comida – sem a qual todos nós morreríamos – está intimamente ligada às divindades. De fato, os wiccanos a veem como outra manifestação da energia divina.

E, portanto, ao observar os sabás, os wiccanos entram em sintonia com a Terra e com as divindades. Eles reafirmam suas raízes terrestres. Os rituais realizados em noites de lua cheia também fortalecem suas conexões com a Deusa em particular.

Os wiccanos mais experientes celebram os sabás e os *esbats*, já que essas são as épocas em que os poderes reais e simbólicos estão mais presentes. Honrá-los de alguma forma – talvez com rituais similares àqueles sugeridos no *Livro das Sombras das Pedras Erguidas* – é parte integral da Wicca.

9
A Espiral do Renascimento

A reencarnação parece ser um dos tópicos espirituais mais controversos de nosso tempo. Centenas de livros são publicados sobre o tema, como se o mundo ocidental tivesse descoberto recentemente essa antiga doutrina.

A reencarnação é uma das lições mais valiosas dentro da Wicca. A noção de que esta vida seja uma de várias, de que quando o corpo físico morre não deixamos de existir, mas sim renascemos em outro corpo, responde a muitas questões, mas levanta algumas mais.

Por quê? Por que reencarnamos? Em comum com muitas outras religiões, a Wicca ensina que a reencarnação é o instrumento por meio do qual nossas almas se aperfeiçoam. Uma vida não é suficiente para alcançar esse objetivo; portanto, a consciência (alma) renasce muitas vezes, cada vida aprendendo lições diferentes, até a perfeição ser alcançada.

Ninguém pode dizer ao certo quantas vidas são necessárias para isso. Somos humanos e é fácil termos comportamentos não evolutivos. A ganância, a ira, a inveja, a obsessão e todas as nossas emoções negativas impedem nosso crescimento.

Na Wicca, procuramos fortalecer nossos corpos, mentes e almas. Com certeza, vivemos vidas terrenas completas e produtivas; porém, tentamos fazê-lo sem prejudicar ninguém, praticando a antítese da competição, da intimidação e da procura incessante em ser o primeiro em tudo.

A alma é atemporal, assexuada, não física, possuidora da centelha divina da Deusa e do Deus. Cada manifestação da alma (ou seja, cada corpo que habita a Terra) é diferente. Não existem dois corpos iguais ou duas vidas iguais. Se fosse assim, a alma ficaria estagnada. O sexo, a raça, o local de nascimento, a classe social e cada característica da alma é determinada por suas ações em vidas passadas e pelas lições necessárias para o presente.

Essa é uma das bases principais do pensamento wiccano: nós decidimos o curso de nossas vidas. Não deixamos a responsabilidade por nossos atos nas mãos de um deus, de um feitiço ou de uma força misteriosa do destino. Nós decidimos o que precisamos aprender para evoluir; e, então, com sorte, durante a encarnação, trabalhamos em direção ao progresso como pessoas. Caso contrário, voltamos à escuridão.

Como forma de ajuda no processo de aprendizagem das lições de cada vida, existe um fenômeno chamado carma. O carma muitas vezes é mal interpretado. Ele não consiste em um sistema de recompensas e punições, mas sim em um fenômeno que guia a alma para ações evolutivas. Com isso, se uma pessoa comete atos negativos, atos negativos acontecerão com ela. O bem traz o bem. Com isso em mente, há poucos motivos para agir negativamente.

Carma significa ação, e é assim que ele funciona. Ele é uma ferramenta, não uma punição. Não existem formas de "apagar" o carma, assim como nem todos os acontecimentos aparentemente ruins em nossas vidas são o resultado do carma.

Nós somente aprendemos lições vindas do carma quando nos conscientizamos sobre sua existência. Muitos buscam saber mais sobre suas vidas passadas para descobrirem seus erros e para compreenderem os problemas que impedem o crescimento nesta vida. O transe e as técnicas de meditação podem ajudar, mas o verdadeiro autoconhecimento é a melhor forma de alcançar essa plenitude.

A regressão de vidas passadas pode ser perigosa, pois pode acabar havendo muita autoilusão. Eu já perdi a conta de quantas Cleópatras, reis Arturs, Merlins, Marias, Nefertitis e outras personalidades famosas do passado eu conheci andando por aí de tênis e calça jeans. Nossa mente consciente, à procura de encarnações passadas, facilmente se apega a essas ideias românticas.

Se isso se tornar um problema, se não quiser saber nada sobre suas vidas passadas ou se não tem os meios de descobrir algo sobre elas, preste atenção nesta vida. Você pode aprender tudo de mais importante sobre suas vidas passadas examinando a vida presente. Se você já solucionou certos problemas em existências passadas, não se preocupe com eles hoje. Se ainda não, os mesmos problemas reaparecerão; portanto, preocupe-se com esta vida.

Quando for se deitar, à noite, lembre-se de suas ações durante o dia, analisando as ações e os pensamentos positivos e úteis, bem como as ações e os pensamentos negativos. Em seguida, lembre-se de suas ações na semana anterior, no ano passado, na década passada. Recorra aos seus diários e a antigas cartas, se os tiver guardados, para refrescar sua memória. Você sempre comete os mesmo erros? Se a resposta for afirmativa, prometa nunca mais repeti-los, em um ritual criado por você mesmo.

Em seu altar ou santuário, você poderá escrever esses erros em um pedaço de papel. Suas anotações podem incluir emoções negativas, medo, indulgência sem a análise adequada, a permissão que possa dar a outras pessoas de controlarem sua vida, obsessões amorosas incessantes em relação a homens ou mulheres indiferentes aos seus sentimentos. Na medida em que escreve, visualize-se fazendo essas coisas no passado, e não no presente.

Em seguida, acenda uma vela vermelha. Segure o papel contra a chama e jogue-o no caldeirão ou em algum outro recipiente à prova de calor. Grite ou berre – ou simplesmente diga a si mesmo – que tais ações passadas já não fazem parte de você. Visualize sua vida no futuro livre desses comportamentos negativos, limitadores e inibidores. Repita o feitiço se necessário, talvez em noites de lua minguante, para acabar com a destruição desses aspectos negativos de sua vida.

Se você ritualizar sua determinação em progredir nesta vida, seu voto vibrará com força. Quando cair na tentação de agir ou pensar de maneira negativa como antes, lembre-se do ritual e supere essa vontade com seu poder.

O que acontece após a morte? Somente o corpo morre. A alma continua viva. Alguns wiccanos dizem que ela viaja até um lugar conhecido como a Terra das Fadas, a Terra Iluminada e a Terra dos Sempre Jovens.[19] O lugar não está nem no céu nem no submundo. Simplesmente existe – uma realidade não física muito menos densa que a nossa. Algumas tradições wiccanas o descrevem como uma terra onde o verão é eterno, onde existem campos verdes e onde os rios fluem tranquilamente, talvez como a Terra era antes da chegada dos humanos. Outros o veem indistintamente como um campo sem forma, onde o redemoinho de energias coexiste com as energias maiores – a Deusa e o Deus em suas identidades celestiais.

A alma deve revisar a vida passada, talvez por meio de algumas formas misteriosas junto às divindades. Isso não seria um julgamento, uma pesagem da alma, mas sim uma revisão da encarnação. Todas as lições aprendidas ou ignoradas serão vistas.

Passado o tempo certo, quando as condições na Terra estiverem adequadas, a alma reencarna e a vida recomeça.

A pergunta final é: O que acontece após a última encarnação?

Os ensinamentos da Wicca sempre foram vagos a esse respeito. Basicamente, os wiccanos dizem que, após completar a espiral da vida, da morte e do renascimento, as almas daqueles que chegaram à perfeição rompem esse ciclo para sempre e começam a viver com a Deusa e com o Deus. Nada nunca se perde. As energias que habitam nossas almas retornam à fonte divina de onde foram originadas.

Por causa de sua aceitação sobre a reencarnação, a Wicca não teme a morte como uma queda final em direção ao esquecimento, os dias da vida na Terra ficando para trás. Ela é vista como a porta para o nascimento. Assim, nossas vidas estão simbolicamente ligadas aos intermináveis ciclos das estações do ano que moldam nosso planeta.

Não se force a acreditar na reencarnação. O conhecimento é bem mais superior que a fé, já que a fé é a arma dos desinformados. Não é sábio

---

19. Estes são termos celtas. Alguns wiccanos chamam esse local de Terra do Verão, que é um termo teosófico.

aceitar uma doutrina tão importante quanto a reencarnação sem uma boa dose de estudo para ver se todo esse conhecimento acaba por tocá-lo.

Além disso, apesar de poderem existir fortes conexões com os entes queridos, não tome como verdade absoluta o conceito das almas gêmeas; ou seja, pessoas que você amou em outras vidas e está destinado a amar novamente. Apesar de seus sentimentos e crenças poderem ser sinceros, estes nem sempre se baseiam em fatos. Ao longo da vida, você pode conhecer cinco ou seis pessoas por quem sente a mesma conexão, apesar de seus relacionamentos atuais. Podem ser todas elas almas gêmeas?

Uma das dificuldades desse conceito é que, se todos estivermos inextricavelmente ligados às almas de outras pessoas, se continuarmos a encarnar com elas, não aprenderemos absolutamente nada. Portanto, dizer que você encontrou sua alma gêmea é o mesmo que dizer que não está progredindo na espiral da encarnação.[20]

Um dia você pode saber, não acreditar, que a reencarnação é tão real quanto uma planta que brota, floresce, solta sua semente, murcha e cria uma nova planta à sua imagem. A reencarnação provavelmente foi pressentida, a princípio, pelas primeiras pessoas que começaram a observar a natureza.

Até decidir por si mesmo, você pode querer refletir e considerar a doutrina da reencarnação.

---

20. Sinto que estou tocando em um assunto delicado novamente. Ainda assim, já conheci muitas pessoas que declararam isso, mas acabaram me dizendo depois: "Cara, eu estava errado".

10
Sobre a Iniciação

A maioria das religiões mágicas e xamânicas utiliza um tipo de cerimônia de iniciação para reconhecer alguém como membro da religião, sociedade, grupo ou irmandade. Esses rituais também marcam a nova direção que a vida do iniciado está tomando.

Dentro das iniciações wiccanas, muita coisa acontece, pública e privadamente. Cada tradição wiccana usa suas próprias cerimônias de iniciação, que podem ou não serem reconhecidas por outros wiccanos. No entanto, a maioria dos iniciados concorda em um ponto: uma pessoa pode ser wiccana somente se ela já passou por uma iniciação.

Esse tema traz à tona uma pergunta interessante: Quem iniciou o primeiro wiccano?

A maioria das cerimônias de iniciação é nada mais do que rituais que marcam a aceitação da pessoa a uma irmandade e sua dedicação à Deusa e ao Deus. Às vezes, o "poder é passado" entre o iniciador e o neófito também.

Para um não wiccano, a iniciação pode parecer um ritual de conversão. Não é o caso. A Wicca não precisa desses rituais. Nós não condenamos as divindades a quem servimos antes de praticar a Wicca, nem precisamos dar as costas a elas.

A cerimônia de iniciação (ou as cerimônias, já que em muitos grupos três rituais sucessivos são realizados) é tida como de maior importância àqueles grupos de wiccanos que ainda praticam todos os rituais em segredo. Com certeza, quem entra nesse tipo de grupo deve se submeter a uma iniciação, parte dela consistindo em jurar nunca revelar seus segredos. Isso faz sentido, e faz parte de muitas iniciações em irmandades. Porém, não representa a essência da iniciação.

Muitas pessoas já me disseram que precisavam desesperadamente se submeter à iniciação wiccana. Elas parecem acreditar que não se pode praticar a Wicca sem um selo de aprovação. Se você já leu até aqui, sabe que este não é o caso.

A Wicca foi, até a década passada aproximadamente, uma religião fechada, mas não é mais. Os elementos internos da Wicca estão disponíveis a qualquer pessoa que possa ler e entender o material. Os únicos segredos da Wicca são seus rituais individuais, seus feitiços, os nomes das divindades, entre outros.

Isso não precisa incomodá-lo. Para cada ritual secreto da Wicca ou nome da Deusa, existem dúzias (se não centenas) de outros publicados e prontos para ser conhecidos. Atualmente, são divulgadas informações sobre a Wicca como nunca antes. Enquanto no passado esta era uma religião secreta, hoje a Wicca é uma religião que tem alguns segredos.[21]

Ainda assim, muitos se atêm à ideia da necessidade do ritual de iniciação, provavelmente pensando que com esse ato mágico receberão os *segredos do Universo* e *um poder incalculável*. Para piorar as coisas, alguns wiccanos mais radicais dizem que a Deusa e o Deus não ouvirão aquele que não for membro de uma irmandade e que tenha direito a carregar um *athame*. Muitos aspirantes a wiccanos acabam acreditando nisso.

As coisas não funcionam dessa forma.

A verdadeira iniciação não consiste em um ritual realizado por uma pessoa sobre a outra. Mesmo se você aceitar o conceito de que o iniciador representa a divindade durante a iniciação, isso é apenas um ritual.

A iniciação é um processo gradual ou instantâneo que tem a ver com a sintonia do indivíduo com as divindades. Muitos wiccanos prontamente admitem que o ritual de iniciação é apenas a representação externa. A verdadeira iniciação geralmente acontecerá semanas ou meses antes ou depois do ritual físico.

---

21. Alguns grupos simplesmente escrevem seu próprio Livro das Sombras "secreto" e restringem seu acesso. Isso realmente assegura que ele permaneça secreto – mas não significa que seja mais antigo ou melhor que os outros.

Sendo assim, a "verdadeira" iniciação wiccana pode acontecer anos antes de o aluno entrar em contato com uma irmandade wiccana ou um professor. Essa iniciação é menos eficaz ou menos genuína porque a pessoa ainda não passou por um ritual formal realizado pelas mãos de outra pessoa? É claro que não.

É perfeitamente possível passar por uma verdadeira iniciação wiccana sem nunca se encontrar com algum praticante da religião. Talvez você nem saiba disso. Sua vida pode mudar gradualmente até você perceber que começou a notar os pássaros e as nuvens. Você pode contemplar a lua em noites solitárias e conversar com plantas e animais. O pôr do sol poderá se tornar um momento de tranquila contemplação.

Ou você pode mudar com as estações do ano, adaptando as energias de seu corpo às energias do mundo natural que o cerca. A Deusa e o Deus podem inspirar seus pensamentos, e você pode realizar rituais antes de perceber o que está fazendo.

Quando as Antigas Tradições se tornarem parte de sua vida e seu relacionamento com as divindades se fortalecer, quando conseguir reunir todos os instrumentos e realizar os rituais e a magia com alegria, você estará realmente espiritualizado e poderá ser corretamente chamado de "wiccano".

Esse pode ser seu objetivo, ou talvez você queira se aprofundar um pouco mais, talvez continuando sua procura por um instrutor. Sem problemas. Porém, se não conseguir encontrar um, você terá a satisfação de saber que não ficou sentado esperando todo esse conhecimento cair em seu colo. Você terá lidado com a antiga magia e dialogado com a Deusa e com o Deus, reafirmando seu compromisso com a Terra para alcançar uma evolução espiritual, e terá transformado a falta da iniciação física em um estímulo positivo para mudar sua vida e seu pensamento.

Se você entrar em contato com um professor ou uma irmandade, eles provavelmente terão a opinião de que você é um aluno que vale a pena aceitar. Porém, se você descobrir que não pertence ao seu estilo de prática da Wicca ou se suas personalidades colidirem, não se sinta mal. Você ainda tem sua própria Wicca para se apoiar à medida que continua sua busca.

Esse pode ser um caminho solitário, porque poucos de nós seguimos as Antigas Tradições. É frustrante passar seu tempo reverenciando a Natureza e observando a Terra sendo sufocada sob toneladas de concreto sem ninguém parecer se importar.

Para entrar em contato com pessoas que pensem como você, é possível assinar publicações wiccanas e começar a se corresponder com wiccanos de todo o mundo. Continue a ler novos livros sobre a Wicca e sobre a Deusa, conforme eles são publicados. Mantenha-se atualizado sobre os eventos do mundo wiccano. Reúna e escreva novos rituais e feitiços. A Wicca não é uma religião estática.

Muitos querem formalizar sua vida dentro da Wicca com uma cerimônia de autoiniciação. Eu incluí uma na seção II para aqueles que sentem precisar dela. Novamente, essa é uma das formas de fazê-lo. Se preferir, improvise.

Se você decidir convidar seus amigos e pessoas interessadas em se unir aos seus rituais, não os deixe de fora, vendo-o brincar de "sacerdote" ou de "bruxo". Envolva-os no ritual. Faça-os tomar parte dos rituais e da magia. Use sua imaginação e experiência prática para integrá-los aos rituais.

Quando sentir uma felicidade irrefreável ao observar o pôr do sol ou o nascer da lua, quando vir a Deusa e o Deus nas árvores das montanhas ou nos riachos que cortam os campos, quando sentir as energias pulsantes da Terra fluindo no barulho da cidade, você terá recebido a verdadeira iniciação e estará ligado aos poderes ancestrais e às divindades.

Alguns dizem: "Somente um wiccano pode tornar alguém wiccano". Eu digo que somente a Deusa e o Deus podem tornar alguém wiccano. Quem melhor?

Seção II

Prática

11
Exercícios e Técnicas Mágicas

A seguir, encontram-se pequenas seções com vários exercícios e procedimentos vitais para seu crescimento na Wicca e na magia. Essas atividades, que levam não mais do que alguns minutos todos os dias, não devem ser subestimadas. Elas são elementos fundamentais para a fluência em todos os rituais wiccanos e mágicos.

Torná-las parte de suas atividades diárias permite que você cresça dia a dia.

O livro do espelho

Neste momento, assim que terminar de ler isto, comece a fazer um "livro do espelho". Ele é um registro mágico de seu progresso dentro da Wicca. Pode ser um diário fechado com chave ou até um caderno em espiral. Dentro dele, registre todos os pensamentos e sentimentos que tem pela Wicca, os resultados de suas leituras, os sucessos e fracassos dentro da magia, suas dúvidas e medos, sonhos significativos – até mesmo preocupações mundanas. Esse livro deverá ser lido somente por você. Ninguém mais precisa lê-lo.

Esse livro é um espelho de sua vida espiritual. E, como tal, é precioso na ajuda para seu progresso dentro da Wicca e em sua própria vida. Dessa forma, quando ler o livro, você terá se tornado seu próprio professor. Perceba as áreas nas quais você tem problemas e tome as medidas necessárias para resolvê-los.

A melhor hora que encontrei para registrar todas essas informações foi logo antes de dormir. Coloque a data em cada anotação que fizer e, se quiser, também inclua a fase da lua e qualquer informação astronômica que possa ser importante (fases da lua, eclipses, clima).

Um dos objetivos da Wicca é o autoconhecimento; o Livro do Espelho é uma ferramenta valiosa para alcançá-lo.

Respiração

A respiração geralmente é um ato inconsciente executado por nós continuamente durante toda a nossa vida. Dentro da magia e da Wicca, no entanto, respirar pode ser também uma ferramenta para disciplinar nosso corpo e entrar em estados alternados de consciência.

Para meditar corretamente, você deve respirar corretamente. Esse é o exercício mais básico e, felizmente, é também o mais fácil.

As técnicas de respiração profunda requerem o uso completo dos pulmões e do diafragma. O diafragma está localizado a aproximadamente dois dedos abaixo da caixa torácica. Quando você respira, empurra o ar com essa região. Tente perceber quanto ar você pode inspirar.

Para os exercícios de respiração, assuma uma posição confortável, sentado ou deitado (apesar de a respiração profunda ser possível em quase todas as posições). Relaxe seu corpo levemente. Inspire pelo nariz bem devagar, contando até três, quatro ou cinco – o que for melhor. Lembre-se de permitir que o ar preencha seu diafragma, assim como seus pulmões. Segure o ar, e em seguida expire devagar, fazendo a mesma contagem.

Repita esse processo várias vezes, diminuindo o número de respirações gradualmente. Nunca segure o ar além do nível de conforto. A inspiração, a retenção e a expiração deverão ser controladas, calmas e livres de tensão.

Concentre-se em seu processo de respiração enquanto o faz. Quando inspirar, respire amor, saúde, tranquilidade, podendo visualizar (ver "Visualização", na página 110) essas energias positivas como pequenas gotículas douradas de ar. Quando expirar, solte o ódio, a doença, a raiva, podendo visualizar uma fumaça preta saindo de seus pulmões.

O oxigênio é o sopro da vida e é necessário para nossa existência. Respire corretamente e você será uma pessoa melhor e um wiccano melhor. A respiração profunda é usada antes de cada veneração ou magia e faz parte dos exercícios de concentração e visualização. Respire profundamente quando sentir que a raiva se apodera de você. Expire a fúria e inspire a paz. Funciona sempre – se você permitir.

Pratique os exercícios de respiração profunda diariamente e vá aumentando gradualmente sua capacidade de reter o ar. Quando for possível, pratique-os perto do mar ou em uma floresta, longe do ar poluído de nossas cidades. A respiração profunda nesses ambientes naturais não se torna somente mais tranquila – ela também se torna mais saudável.

Meditação

A meditação é uma arte importante para a indução do relaxamento total. Poucos de nós encontram um momento de ausência de tensões e preocupações; portanto, a meditação é um alívio bem-vindo dos problemas e frustrações de nosso dia a dia. Mais importante, é um momento de paz no qual comungamos com a Deusa, com o Deus e conosco, relaxando a mente consciente e nos atendo à nossa consciência psíquica. A meditação geralmente precede todo ato de magia e ritual de veneração.

A posição sentada é a melhor para a meditação, principalmente para aqueles que tendem a cair no sono durante essa prática.

Sente-se em uma cadeira com encosto reto, apoiando a parte inferior das costas com um travesseiro, se necessário. Seu queixo deverá estar no mesmo nível do chão, olhos fechados, costas retas, mãos repousadas sobre os joelhos, palmas para cima e dedos relaxados. Nessa posição, você deverá se sentir confortável e relaxado, a espinha reta e o torso ereto. Se tiver problemas de postura, pode levar certo tempo até começar a se sentir confortável. Não desista.

Respire profundamente por vários minutos. Relaxe. Esqueça. Visualize todas as tensões e preocupações de seu dia a dia abandonando o corpo junto com a respiração. Relaxe na cadeira.

Agora, abra sua consciência. Permita que sua mente consciente fique receptiva e alerta. Comungue e converse com as divindades. Pense em diversos símbolos. Se quiser, chame por um dos nomes da Deusa ou do Deus, ou por um grupo deles. Essa é uma excelente ferramenta para entrar no mundo desconhecido.

Escolha a hora e o local para a meditação com cuidado. A luz deverá ser controlada; a luz das velas é uma excelente opção. Queime velas brancas ou azuis se quiser. Acender um incenso também é uma ótima opção, mas muita fumaça pode (obviamente) causar problemas durante a respiração profunda.

Imediatamente após cada meditação, registre todas as imagens, pensamentos e sensações em seu livro do espelho.

Visualização

Essa técnica é a mais básica e, ao mesmo tempo, a mais avançada utilizada na magia e na Wicca. A arte de utilizar nossos cérebros para "ver" o que não está fisicamente presente é uma ferramenta mágica poderosa usada em muitos rituais wiccanos. Por exemplo, a formação do círculo mágico recai, em parte, sobre a habilidade wiccana de visualizar o poder pessoal saindo para formar uma esfera de luz brilhante ao redor da área do ritual. Essa visualização, então, dirige o poder que realmente cria o círculo; ele não se cria sozinho.

Por conseguirem mudar nossas atitudes e nossas vidas, muitos livros têm sido escritos com base em visualizações. Cada livro promete mostrar os segredos da visualização.

Felizmente, quase todos nós temos essa habilidade. Pode ser que ela não esteja bem trabalhada, mas a prática leva à perfeição.

Neste momento, você consegue visualizar em sua mente o rosto de seu melhor amigo ou o rosto do ator de que você menos gosta? Que tal sua roupa favorita, a parte externa de sua casa, seu carro ou seu banheiro?

Isso é visualização. A visualização é o ato de enxergar com a mente, não com os olhos. A visualização mágica enxerga algo que não está lá fisicamente. Pode ser um círculo mágico, um amigo curado de uma doença, um talismã poderoso.

Nós podemos transmitir a energia de nossos corpos, visualizá-la saindo da palma de nossas mãos e, em seguida, transformá-la em uma pequena esfera brilhante, moldando-a *fisicamente*, como uma bola de neve, e *mentalmente*, ao observá-la como queremos.

Na magia, eu posso transmitir energia e, enquanto o faço, visualizar uma imagem em minha mente de algo que preciso – um novo carro, por exemplo. Eu visualizo o carro, vejo-me assinando o contrato para comprá-lo, dirigindo-o na estrada, colocando gasolina no tanque e pagando-o. Em seguida, direciono a energia para fortalecer a visualização – para manifestá-la.

Em outras palavras, a visualização "programa" o poder. Isso pode ser explicado como uma forma de magia compassiva mental. Em vez de criarmos uma imagem física, nós criamos imagens em nossas mentes.

Os pensamentos são objetos. Nossos pensamentos afetam a qualidade de nossas vidas. Se nos queixarmos constantemente sobre não termos dinheiro, e então fizermos uma visualização de 15 minutos para trazer o dinheiro em nossas vidas, esses 15 minutos de energia terão que compensar 23 horas e 45 minutos de uma ideia negativa e autoinduzida diariamente. Então, devemos manter nossos pensamentos em ordem e de acordo com nossos desejos e necessidades. A visualização pode ajudar nesse caso. Para melhorar essa ferramenta, tente fazer estes exercícios simples, bem conhecidos dentro da Wicca.

Exercício um: Sente-se ou deite-se confortavelmente, com os olhos fechados. Relaxe o corpo. Respire profundamente e limpe a mente. As imagens continuarão a aparecer em sua mente. Escolha uma delas e fique com ela. Não deixe que outras imagens interfiram na imagem que escolheu. Mantenha todos os seus pensamentos girando em torno dela. Guarde essa imagem o máximo de tempo que puder; em seguida, deixe-a ir e termine o exercício. Quando puder manter uma imagem por mais de alguns minutos, vá para o próximo passo.

Exercício dois: Decida-se por uma imagem e foque-se nela. Talvez prefira vê-la fisicamente e estudá-la primeiro, memorizando cada detalhe – suas sombras, sua textura, suas cores e talvez até mesmo seu cheiro. Você pode escolher um objeto pequeno e em três dimensões, como uma pirâmide, ou algo mais complexo, como uma imagem de Afrodite surgindo nas águas ou uma maçã madura. Após estudá-lo por completo, feche os olhos e veja o objeto diante deles – como se seus olhos estivessem abertos. Não olhe novamente para o objeto com seus olhos físicos, mas com sua imaginação mágica – com seus poderes de visualização.

Quando puder manter perfeitamente essa imagem em seu pensamento por cinco minutos, vá para o próximo passo.

Exercício três: Este exercício é mais difícil e é realmente mágico. Visualize algo, qualquer coisa, de preferência algo que nunca tenha visto. Por exemplo, uma verdura de Júpiter. Ela é roxa, quadrada, tem 30 centímetros e está coberta com pequenos pelos verdes e pontos amarelos. É claro que este é só um exemplo.

Agora feche os olhos e veja – *realmente veja* essa verdura em sua mente. Ela nunca existiu. Você a está criando com sua visualização, sua imaginação mágica. Torne a verdura real. Gire-a com a ajuda de sua mente para poder vê-la de todos os ângulos. Em seguida, deixe que essa imagem se dissipe.

Quando puder manter uma imagem criada por você em sua mente por aproximadamente cinco minutos, siga para o próximo exercício.

Exercício quatro: Este é o mais difícil. Tenha em mente uma imagem criada por você (como a verdura jupiteriana) *com seus olhos abertos*. Esforce-se para mantê-la visível, real, algo palpável. Olhe fixamente para uma parede, olhe para o céu ou observe uma rua movimentada; porém, não deixe de visualizar a verdura. Torne-a tão real a ponto de poder tocá-la. Tente deixá-la em uma mesa ou na grama embaixo de uma árvore.

Se formos utilizar a visualização para criar mudanças neste mundo, não nos cantos escondidos existentes atrás de nossas pálpebras, precisamos praticar essas técnicas com nossos olhos bem abertos. O teste verdadeiro de visualização recai sobre nossa habilidade de tornar o objeto visualizado (ou estrutura) real e parte do nosso mundo. Quando tiver aperfeiçoado este exercício, sentirá que está no caminho certo.

Jogo da energia

A energia e os poderes mágicos dentro da Wicca são reais. Eles não estão em um plano astral. Estão na Terra e em nós mesmos. Eles sustentam a vida. Nós esgotamos nosso estoque de energia todos os dias e o reabastecemos através do ar que respiramos, da comida que comemos e dos poderes emanados do sol e da lua.

Saiba que esse poder é físico. Sim, é misterioso; porém, somente porque poucos o investigam dentro da magia. A seguir, encontram-se alguns exercícios que o ajudarão a fazer exatamente isso. (Talvez prefira reler o capítulo 3, "Magia", página 37.)

Acalme-se. Respire profundamente. Esfregue as palmas das mãos por 20 segundos. Comece devagar e vá aumentando o ritmo. Sinta a tensão de seus músculos. Sinta as palmas das mãos aquecerem. Em seguida, pare e deixe-as a uma distância de aproximadamente cinco centímetros uma da outra. Sente um formigamento? Essa é uma manifestação do poder. Ao esfregar as palmas das mãos e usar os músculos em seus braços e ombros, você está acumulando energia – o poder mágico. Ele flui de suas palmas quando você as deixa separadas.

Se não sentir nada, pratique este exercício uma ou duas vezes por dia até conseguir. Lembre-se: não se force a sentir o poder. Tentar sem parar não significa que conseguirá. Relaxe e *permita-se* sentir o que já está lá o tempo todo.

Após ter realmente sentido essa energia, comece a visualizá-la em formas. Use sua visualização para fazê-lo. Logo depois de esfregar as mãos, quando elas ainda estiverem formigando, visualize choques de energia – talvez eletricidade azul ou roxa – passando de sua palma direita (projetora) para a esquerda (receptora). Se você for canhoto, inverta os sentidos.[22]

Agora, imagine essa energia se movimentando lentamente em sentido horário entre suas palmas. Transforme-a em uma bola de ener-

---

22. Você se lembra dos filmes de ficção científica e dos filmes fantásticos que você já assistiu, nos quais um mago envia o poder que tem através da palma de suas mãos? Lembra-se de como essa energia aparecia nos filmes? Se quiser, use uma imagem similar para visualizar o poder pessoal que vai saindo da palma de suas mãos. Apesar dos efeitos especiais do filme, isso, é claro, é real, e nós podemos usar a imagem para realmente enviar esse poder.

gia brilhante, pulsante e mágica. Veja suas dimensões, suas cores. Sinta sua força e o calor em suas palmas. Isso é parte da energia liberada por você de seu corpo. Não há nada de sobrenatural nisso. Feche suas mãos ao redor da bola. Faça-a aumentar ou diminuir de tamanho *usando sua visualização*. Finalmente, traga-a para seu estômago e absorva-a de volta ao seu corpo.

Este exercício não é somente divertido de praticar, mas também é uma experiência mágica valiosa. Quando tiver dominado a arte das esferas de energia, pratique sentir os campos de energia.

Sente-se ou fique em pé de frente para qualquer planta. As ervas e plantas em flor parecem funcionar melhor. Se necessário, flores cortadas também podem ser usadas. Respire profundamente por alguns minutos e esvazie sua mente. Mantenha a palma de sua mão receptora (esquerda) alguns centímetros acima da planta. Concentre sua consciência até a palma de sua mão. Você sente um leve latejo, um zumbido, uma onda de calor ou simplesmente uma mudança nas energias da palma de sua mão? Consegue sentir a força interna da planta?

Se sim, ótimo – você sentiu a energia. Após ter feito isso, tente sentir as energias das pedras e dos cristais.[23] Coloque um cristal de quartzo em uma mesa e passe sua mão receptora por ele. Concentre-se e sinta as energias invisíveis, mas existentes, que pulsam dentro do cristal.

Todos os objetos naturais, lembre-se, são manifestações da energia divina. Com a prática, podemos sentir o poder que reside neles.

Se tiver dificuldade em sentir esses poderes, esfregue as palmas das mãos de maneira leve para sensibilizá-las e tente novamente.

Essa energia é o mesmo poder que temos dentro de nós quando estamos bravos, nervosos, aterrorizados, felizes ou sexualmente estimulados. Essa é a energia usada na magia, seja a que nós emanamos ou a que é canalizada da Deusa e do Deus, das plantas, das pedras e de outros objetos. É a energia da criação que utilizamos na magia.

---

23. Para fazer um exercício mais profundo de sentir as energias das pedras, ver *Cunningham's Encyclopedia of Crystal, Gem & Metal Magic* [*Enciclopédia Cunningham de Magia com Cristais, Gemas e Metais*] (Llewellyn, 1988 e 2002).

Agora que já sentiu o poder, use a visualização para movimentá-lo. Você não precisa esfregar as palmas das mãos para aumentar a força da energia – você pode fazer isso simplesmente concentrando-se. Um dos métodos mais fáceis de fazê-lo seria o de tensionar os músculos – tensionar seu corpo. Isso eleva o grau da energia, motivo pelo qual temos de nos relaxar durante a meditação. A meditação diminui nossa energia e nos permite sair deste mundo.

Quando sentir o poder emanando com força, estenda sua mão direita (projetora) e direcione a energia que vem de seu corpo, através de seu braço, saindo por seus dedos. Use sua visualização. Realmente veja-a e sinta-a saindo de você.

Para a prática, fique em sua casa. Acumule o poder dentro de você. Dirija-o para cada cômodo, visualizando sua penetração em cada rachadura e em cada parede, além de dirigi-lo até as portas e janelas. Você não está criando um alarme antifurto, mas sim uma proteção mágica; portanto, visualize a energia formando uma barreira impenetrável que impedirá a entrada de energias negativas ou de intrusos.

Após "selar" a casa, interrompa o fluxo de energia. Você pode fazer isso ao visualizar sua interrupção e ao movimentar sua mão. Sinta a energia protetora penetrando nas paredes. Você sentirá uma sensação de segurança emanando de si mesmo quando estiver em sua casa agora protegida.

Sim, você fez tudo isso usando a mente, mas também o poder. A energia é real, e sua habilidade em manipulá-la determina a eficácia de seus círculos e rituais.

Trabalhe diariamente os sentimentos e o direcionamento do poder. Torne esse trabalho uma espécie de jogo mágico até alcançar o ponto em que não precisará parar e pensar: "Será que posso fazê-lo? Será que tenho esse poder?". Você saberá que sim.

12
Autodedicação

Se você quiser entrar para a Wicca, pode querer se dedicar à Deusa e ao Deus. Essa autodedicação nada mais é do que um ritual formal que marca sua decisão consciente de embarcar em um novo estilo de vida – já que essa é a essência da Wicca.

Em um primeiro momento, eu hesitei incluir um ritual desse tipo aqui, sentindo que os melhores rituais dedicatórios eram os criados pelos próprios wiccanos. Eu li e ouvi várias histórias de homens e mulheres que, levados a seguir a Wicca, porém, sem acesso aos grupos ou aos livros, acenderam velas, beberam um pouco de vinho e conversaram com os Deuses sobre suas intenções. Este é talvez o melhor tipo de ritual de autodedicação: simples e sincero.

Muitas pessoas se sentem mais confortáveis em rituais formais; portanto, incluo um desses no final deste capítulo. Esse tipo de ritual é bem diferente de outros tipos de rituais que já apareceram em outros livros, porque é um ritual feito ao ar livre que se concentra em entrar em contato com as energias da Deusa e do Deus.

Esse ritual é aberto a todos que desejem utilizá-lo. Antes de começar a pensar em se dedicar às divindades, no entanto, assegure-se de suas intenções e de que tenha estudado a Wicca o suficiente para saber que realmente esse é o caminho certo para você.

Isso significa ter de estudar sempre. Leia todos os livros que encontrar sobre a Wicca – os bons e os ruins. Assine publicações wiccanas e pagãs. Familiarize-se com a Wicca tanto quanto puder. Apesar de alguns autores acreditarem que suas tradições são as únicas verdadeiras, não deixe que isso o impeça de continuar a ler suas obras. Igualmente, não aceite tudo o que ler só porque está escrito.

Além da leitura, estude também a Natureza. Quando andar pela rua, observe os pássaros voando ou abaixe-se para observar uma colônia de formigas da mesma forma como uma pessoa mística observa uma esfera de cristal. Celebre as estações e as fases da lua com rituais.

Você pode também querer usar a música para preencher a alma. Se assim for, peça pelo correio alguns CDs de música wiccana que agora se encontram disponíveis. Se não puder, ouça todos os dias a música da Natureza – vá para algum lugar onde o vento sopre entre as folhas ou ao redor dos troncos das árvores. Ouça o som da água batendo nas pedras ou no litoral rochoso. Identifique o som do miado de um gato solitário anunciando a manhã. Crie sua própria música também, se tiver esse talento.

Deixe suas emoções fluírem; seja pela flauta, por um gravador, um tambor ou um pássaro, rio ou vento. Sua decisão de entrar para a Wicca não deve se basear somente em seu intelecto ou em suas emoções; ela deve ser o resultado de ambos.

Feito isso, fique acordado até tarde durante algumas noites ou acorde no início da manhã, bem cedo. Sozinho, escreva (mesmo em frases quebradas) o que espera da Wicca. Isso pode incluir uma sensação de vida espiritual completa, relacionamentos mais profundos com a Deusa e com o Deus, encontrar seu lugar no mundo, o poder de trazer ordem à sua vida, a habilidade de se sintonizar com as estações do ano e com a Terra, e assim por diante.

Seja específico, seja implacável, seja completo. Se não estiver contente com essa lista, se não lhe soar verdadeiro tudo o que foi dito, comece novamente. Ninguém precisa saber. Copie a lista final em seu livro do espelho, queime todos os rascunhos e termine.

Uma vez completa essa lista, passe a noite ou a manhã seguinte criando uma nova. Nesta, registre o que sente que pode entregar para a Wicca.

Isso pode surpreendê-lo, mas toda religião é a soma de seus seguidores. Diferentemente da maioria das religiões ortodoxas, a Wicca não quer seu dinheiro; portanto, não escreva "10% de minha renda mensal". Isso acontece não porque a Wicca enxergue o dinheiro como algo baixo ou não espiritual, mas porque o dinheiro tem sido mal usado pela maioria das religiões estabelecidas. Os wiccanos não vivem da Wicca.

Já que a Wicca não admite o proselitismo, não tem uma figura líder e não possui templos ou organizações centrais, você pode se questionar sobre o que pode fazer pela Wicca. Há muita coisa que você pode fazer. Não somente dar seu tempo, sua energia, sua devoção, entre outros, mas também dar coisas mais concretas. Escrevo aqui algumas sugestões:

Una-se a um grupo wiccano ou pagão, como a Aliança do Espírito Pagão. Isso o ajuda a se socializar com outras pessoas que pensem como você, mesmo se somente por *e-mail* ou telefone. Participe de um dos encontros públicos wiccanos ou pagãos anuais realizados em várias partes do país.

Faça doações para uma organização ecológica, uma que lute para salvar nosso planeta. Nós envenenamos a Terra todos os dias, como se pudéssemos estragar este lugar e ir para outro. Se não tomarmos medidas agora, não haverá para onde ir. As contribuições financeiras feitas a organizações responsáveis dedicadas a lutar contra a poluição, salvar espécies em extinção e controlar o desenvolvimento negativo são alguns dos exemplos do que você pode oferecer à Wicca.

O mesmo vale para os grupos que lutam contra a fome. Lembre-se de algo fundamental: o que sustenta a vida é algo sagrado.

Você pode começar a reciclar. Por muitos anos, eu venho separando jornais antigos, garrafas de vidro e latas de alumínio do lixo comum. Morando em uma cidade grande, existem muitos centros de reciclagem por aqui. Alguns deles pagam; porém, as maiores recompensas não são financeiras. Elas se baseiam no conhecimento de que estamos ajudando a salvar os recursos naturais da Terra.

Se não houver nenhum centro de reciclagem perto de você, seja mais consciente com relação ao seu lixo. Evite comprar produtos que venham em embalagens plásticas. Prefira produtos feitos de papel branco aos coloridos – as tintas poluem nossos lagos e rios. Restrinja ou elimine o uso de sacolas plásticas, embalagens de comida e outros produtos plásticos do tipo "use uma vez e jogue fora". Esses plásticos não se rompem (ou seja, não são biodegradáveis), são caros e podem manter a mesma forma por 20 mil anos ou mais.

Se estiver lendo isso e se perguntando o que tudo isso tem a ver com a Wicca, feche este livro e deixe-o de lado. Ou releia-o.

A Wicca consiste – em parte – em *reverenciar a Natureza* como uma manifestação da Deusa e do Deus. Uma das formas de reverenciar a Terra é cuidando dela.

Ao seguir essas sugestões, descubra novas formas de demonstrar sua devoção pela Wicca. Uma dica: tudo o que fizer pela Terra ou por suas criaturas, você estará fazendo pela Wicca.

O seguinte ritual de autodedicação não foi criado para torná-lo um wiccano – isso vem com o tempo e com a devoção (e não por meio das cerimônias de iniciação). Ele é, em um sentido místico, um passo em direção à união de suas energias pessoais com as energias da Deusa e do Deus. Este é realmente um ato mágico que, se benfeito, pode mudar sua vida para sempre.

Se você se sentir hesitante, leia este livro novamente. Você saberá quando estiver pronto.

Ritual de autodedicação

Prepare-se tomando um banho de banheira de água quente. Adicione aproximadamente uma colher de sopa de sal e algumas gotas de um óleo perfumado, como de sândalo.

Se você não tiver uma banheira, use o chuveiro. Encha uma toalha de rosto com sal, adicione algumas gotas de óleo perfumado e esfregue pelo corpo. Se estiver fazendo esse ritual perto do mar ou de um rio, banhe-se lá se preferir.

Enquanto se banha, prepare-se para o ritual. Abra sua consciência para alcançar níveis de consciência maiores. Respire fundo. Limpe sua mente da mesma forma como limpa seu corpo.

Após o banho, seque-se e vista-se para essa jornada. Vá para algum lugar na Natureza onde se sinta seguro. Esse local deverá ser confortável e onde não possa ser perturbado por ninguém, uma região onde os poderes da Terra e dos elementos sejam evidentes. Pode ser o topo de uma montanha, um desfiladeiro ou uma caverna desertos, talvez uma floresta densa, um afloramento rochoso sobre o mar, uma ilha deserta encontrada no centro de um lago. Até mesmo um local deserto de um parque ou jardim pode ser usado. Ponha sua imaginação para funcionar e encontrar o local perfeito.

Você não precisa levar nada além de um frasco de óleo bem perfumado. Sândalo, olíbano, canela ou qualquer outro aroma. Quando você chegar ao local de dedicação, tire os sapatos e sente-se em silêncio por alguns instantes. Acalme seu coração se estiver cansado da viagem. Respire fundo para voltar ao normal e mantenha sua mente livre de pensamentos desordenados. Abra-se às energias naturais que o cercam.

Quando estiver tranquilo, levante-se e fique em pé, observando a terra ao seu redor. Você está procurando o lugar ideal. Não tente achá-lo; abra sua consciência para encontrá-lo. Quando o tiver descoberto (e você saberá quando isso acontecer), sente-se, ajoelhe-se ou deite-se de costas. Coloque algumas gotas de óleo na terra que estiver ao seu redor. Não fique em pé – entre em contato com a terra.

Continue a respirar profundamente. Sinta as energias que o cercam. Chame a Deusa e o Deus da maneira que achar conveniente ou use a seguinte invocação. Memorize estas palavras antes do ritual, para que elas possam sair naturalmente de seus lábios, ou improvise:

Ó Deusa Mãe,
ó Deus Pai,
respostas a todos os mistérios e ainda assim mistérios sem respostas;
neste poderoso lugar, eu me abro à sua essência.
Neste lugar e neste momento, eu mudei;
de agora em diante, seguirei o caminho wiccano.
Dedico minha vida a vocês, Deusa Mãe e Deus Pai.

(Descanse um momento, em silêncio, parado. Em seguida, continue:)

Respiro suas energias até meu corpo,
combinando-as, juntando-as e misturando-as com as minhas;
assim, posso ver o divino na Natureza, a Natureza no divino,

> *e a divindade dentro de mim e de todo o restante.*
> *Ó grande Deusa, ó grande Deus,*
> *unam-me à sua essência,*
> *unam-me à sua essência,*
> *unam-me à sua essência.*

Você pode sentir o poder e a energia emanando de seu corpo com força ou sentir uma calma e uma paz muito grande. Sua mente pode estar muito confusa. A terra embaixo de você pode vibrar e ondular por conta dessa energia. Os animais selvagens, atraídos pelo evento psíquico, podem dar-lhe a honra de sua presença.

Aconteça o que acontecer, *saiba* que você se abriu e que as divindades o ouviram. Você deverá se sentir diferente por dentro, em paz ou simplesmente poderoso.

A Deusa **O Deus**

Símbolos da Deusa e do Deus

Após a invocação, umedeça um dedo com uma gota de óleo e desenhe esses dois símbolos em algum lugar de seu corpo (ver acima). Não importa onde; você pode desenhá-los em seu peito, testa, braços, pernas, em qualquer lugar. Quando estiver se ungindo, visualize esses símbolos entrando em sua carne, brilhando à medida que entram em seu corpo e, em seguida, se dispersando em milhões de pequenos pontos de luz.

A autodedicação formal chegou ao fim. Agradeça à Deusa e ao Deus por sua atenção. Sente-se e medite antes de deixar o local de dedicação.

Quando estiver em casa, comemore de uma maneira especial.

13
Modelo de Rituais

A seção III deste livro contém um guia completo dos rituais wiccanos. Eu o incluí para que aqueles que não têm acesso a um Livro das Sombras pudessem ter um, completo e pronto para a prática e o estudo da Wicca.

Isso não significa que esses rituais têm de ser seguidos à risca. Essa não é uma tradição no sentido de algo que foi passado ao longo dos anos, mas um exemplo viável do Livro das Sombras básico wiccano.

Como eu quero que você se sinta livre para escrever seus próprios rituais ou para melhorá-los quando for preciso, decidi que um capítulo sobre a criação de rituais seria necessário.

Não há um grande mistério em relação à estrutura dos rituais wiccanos, pelo menos não mais. Alguns dizem que isso é bom, pois diminui os segredos que rondam a Wicca. Outros dizem que isso tira a ideia romântica da religião. Eu entendo, mas (como agora você já sabe) também acho que a Wicca deve estar disponível a todos.

Um capítulo desse tipo pode parecer duro, focando-se em uma questão analítica e racional sobre assuntos espirituais. Como minha amiga Barda uma vez escreveu: "A Wicca é como uma linda flor. Se você arrancar todas as suas pétalas uma a uma para ver como ela é, ainda terá uma flor, mas ela já não será tão bela". Espero evitar que isso aconteça aqui.

Primeiramente, eu lhe darei uma ideia geral sobre a criação de seus próprios rituais; porém, essa ideia não foi talhada em uma pedra. A maioria dos nove pontos seguintes são pontos básicos para a criação dos rituais wiccanos, apesar de muitas pessoas usarem somente alguns deles. Eles fazem parte de um excelente guia para a criação de seus próprios rituais.

Estes são os nove componentes básicos para os rituais wiccanos:

1. Purificação do praticante
2. Purificação do espaço
3. Criação do espaço sagrado
4. Invocação
5. Observação do ritual (nos sabás e *esbats*)
6. Energização (durante a magia)
7. Canalização do poder para a terra
8. Agradecimento aos Deuses
9. Rompimento do círculo

Purificação do praticante

Falamos sobre isso no capítulo 6, "Rituais e Preparação para Rituais", página 69. Em suma, essa purificação consiste em banho, unção com óleo, meditação, respiração profunda e em outras formas de purificar seu corpo, sua mente e sua alma e de preparar-se para o ritual.

Esse é realmente um processo de purificação, uma tentativa de livrar-se dos problemas e dos pensamentos do dia a dia. Esse é um momento de calma, de paz.

Apesar de o banho ser algo comum no ritual dentro da Wicca, existem outras formas de purificar o corpo. Sinta a brisa do vento e visualize-a levando embora todos os pensamentos e emoções negativos.

Ou use a música: tocar um tambor bem suavemente por alguns minutos é um excelente ritual de limpeza (apesar de que seus vizinhos podem pensar diferente). Outros instrumentos usados para a purificação incluem sinos, gongos, sistros (instrumentos de purificação da água) e violões, violinos, harpas e bandolins (instrumentos de purificação do fogo).

Essa ênfase na purificação não deve ser tirada de contexto. Nossos corpos não são terrenos férteis para as entidades astrais. Nós estamos expostos à negatividade todos os dias, desde cenas de massacres e destruição nos jornais e nos noticiários até nossos próprios pensamentos negativos. Portanto, essas purificações não pretendem afastar demônios e espíritos negativos; elas simplesmente nos libertam de um pouco dessa negatividade.

Enquanto você se purifica, lembre-se de purificar também seus pensamentos. Prepare-se para o ritual. Um *kahuna* (um mestre na antiga magia, filosofia, religião e tecnologia aplicada havaiana)[24] uma vez me disse que a partir do momento em que pensa você em executar um ritual, *já o está executando*. Ele já está acontecendo. As energias estão se movimentando, a consciência está mudando.

Durante seu ritual de purificação, saiba que as velas já devem estar acesas, o círculo formado e a Deusa e o Deus invocados. Não pense no ritual, pois ele já está sendo realizado.

Isso pode parecer um pouco confuso, mas na verdade é um excelente exercício para praticar sua consciência.

Purificação do espaço

Os locais de rituais ao ar livre raramente precisam de uma purificação prévia. Porém, os rituais feitos em locais fechados geralmente precisam dessa purificação. A maioria dos espaços vitais acumula "lixo astral", muita negatividade e outras energias que se acumulam nas casas. Já que essas energias podem ser bastante prejudiciais, a área é ritualmente limpa antes do início dos rituais.

Há duas particularidades aqui: os rituais em locais fechados e os rituais ao ar livre.

Para os rituais feitos dentro de casa, se você estiver sozinho, tranque a porta, tire o telefone do gancho e feche as cortinas. Você deve assegurar privacidade absoluta e ausência de interrupções durante o ritual. Se houver outras pessoas em casa, diga-lhes que não pode ser perturbado até novo aviso.

---

24. Como a construção de canoas, a navegação e as ervas medicinais.

Se isso for um problema e um companheiro ou parente não lhe der esse tempo, faça seus rituais tarde da noite ou bem cedo de manhã, quando todos estiverem dormindo.

Limpe o chão fisicamente falando. Passe a vassoura comum, o aspirador de pó ou o esfregão. Quando tudo estiver limpo, o local poderá ser purificado com o antigo instrumento das bruxas, a vassoura mágica.

Você não precisa necessariamente tocar as cerdas no chão. No entanto, varra bem rápido, visualizando a negatividade, as doenças e a confusão psíquica sendo retiradas com a vassoura. Talvez comece a visualizar faíscas saindo da vassoura ou chamas de um azul ou violeta intenso que queimam a negatividade e a reduzem a cinzas. Visualize e saiba que a vassoura está limpando magicamente o ambiente. E assim será.

Outra forma de purificar a área onde o ritual será feito é jogando sal, seja sozinho ou misturado com ervas em pó ou com resinas como o tomilho, o alecrim, o incenso, o copal, a sálvia ou o sangue-de-dragão.[25] Água salgada também é utilizada. Essa ação libera as energias que se encontram no sal e nas ervas, e estas, dirigidas e ampliadas pela intenção de seu ritual e por sua visualização, enviam para longe as energias negativas. *Faça isso com o poder.*

Ou toque um instrumento musical pelos quatro cantos do espaço enquanto caminha em sentido horário. Em geral, as escalas ascendentes purificam. Você também pode entoar cantos, principalmente sons que lhe tragam energias protetoras e purificadoras. Você pode descobrir o que é melhor usando a experimentação e uma maior consciência psíquica.

Assim como pode simplesmente queimar alguma erva de qualidades sabidamente "limpadoras" em incenso, como o olíbano, a mirra, a sálvia, o tomilho ou o alecrim, sozinhos ou mesclados. Em seguida, fumigue o espaço onde fará o ritual com essa fumaça e visualize-a afastando a negatividade.

Os rituais feitos ao ar livre requerem uma limpeza mínima. A maioria dos ambientes naturais são muito menos psiquicamente poluídos que nossas casas ou outras construções. Uma leve varrida

---

25. Antes de usar qualquer tipo de erva para propósitos mágicos, segure-a nas mãos e, enquanto visualiza, infunda-a com seu poder pessoal. Isso aumenta sua eficácia.

tradicional com a vassoura mágica (nesse caso, para realmente varrer folhas caídas ou pedregulhos, assim como a negatividade), juntamente com o uso de sua visualização, será suficiente. Espirrar um pouco de água pura também é uma opção; como o sal pode ser prejudicial para as plantas, é melhor não usá-lo ao ar livre.

Criação do espaço sagrado

Essa seção consiste em preparar o altar (se não tiver um altar permanente) e formar o círculo mágico. No capítulo 7, "O Círculo Mágico e o Altar", página 79 falo extensivamente sobre esses temas e, portanto, limitarei meus comentários aqui a alguns.

Apesar de muitos wiccanos colocarem seus altares no centro do local, e de fato no centro do futuro círculo mágico, outros não o fazem. Alguns os colocam em um dos "cantos" do círculo, perto da borda, geralmente em direção ao norte ou ao leste. Assim, eles dizem, a movimentação ao redor do círculo fica mais fácil. Eu, por outro lado, já acredito que o contrário seja verdade. Além disso, essa posição restringe seus possíveis métodos de formar o círculo.

Não importa qual posição você use; então, tente ambas e descubra qual é a melhor para você.

Eu utilizo dois altares. Um é permanente, o outro é erguido somente para os rituais. Sempre coloco o altar no centro do círculo, em direção ao norte, somente porque é a posição com a qual me acostumei. Além disso, se eu o pusesse na borda norte do círculo, provavelmente acabaria batendo nele.

Agora sobre o círculo ou "esfera do poder". Você encontrará uma forma de criar o círculo no *Livro das Sombras das Pedras Erguidas*. Existem muitas outras, e, de fato, aquela forma em particular não pode ser usada em todas as situações. Uma dessas variáveis pode ter mais a ver com você (ou ser mais apropriada para o local de seu ritual).

A primeira depende mais de sua visualização e de suas habilidades mágicas que as demais, porque não utiliza nenhum instrumento, somente sua mente.

Para ajudá-lo na visualização, coloque uma corda roxa ou algum outro objeto no chão para marcar a circunferência do círculo. Fique em pé diante do altar ou no centro do círculo (durante os rituais feitos ao ar livre, pode ser que não tenha um altar). Olhe em direção ao leste ou na direção que preferir. Acumule o poder dentro de você. Quando alcançar um nível adequado (você saberá com a prática), mantenha a palma de sua mão projetora para baixo, na altura da cintura. Aponte seus dedos em direção à borda do futuro círculo.

Veja e *sinta* a energia saindo das pontas dos dedos como uma corrente de luz azul arroxeada vibrante. Devagar, comece a caminhar pelo círculo, no sentido horário. Libere a energia e transforme-a, com a ajuda de sua visualização, em uma faixa circular de luz mágica brilhante, a largura exata de seu círculo (geralmente menos de três metros). Esse círculo deverá estar ao seu redor e ao redor do altar.

Quando essa faixa de luz estiver girando no ar, estique-a usando sua visualização. Veja-a expandindo-se e aumentando de tamanho. Transforme-a em uma cúpula de energia que rodeia a área do ritual. Ela deverá tocar a terra exatamente alinhada ao seu anel de corda, se este existir. Agora, estenda essa energia para o chão, até que ela forme uma esfera completa enquanto você se encontra em seu centro.

O círculo deverá ser real e brilhante. Sinta sua energia. Sinta a borda do círculo. Sinta a diferença na vibração interna e externa. Ao contrário do que dizem os ensinamentos wiccanos mais comuns, colocar sua mão dentro ou caminhar por uma esfera mágica não lhe causará nenhum mal astral, nem caminhar por um escudo de energia protetor erguido ao redor de sua casa. Afinal, a maioria dos círculos mágicos é criada para que, se você ficar próximo à sua borda, sua cabeça e metade de seu dorso ficarão do lado de fora. Caminhar pelo círculo, no máximo, lhe dará uma dose de energia. E também o dissipará. Se isso acontecer, simplesmente forme-o de novo.

Quando o círculo parecer completo e sólido ao seu redor, quebre o fluxo de energia que emana de sua mão projetora, virando sua palma para baixo e em direção ao seu corpo. Corte o fluxo. Sacuda a mão se for necessário para quebrá-lo.

A seguir, você pode invocar os regentes dos quatro cantos do círculo. Existem ideias e lições variadas dentro da Wicca relacionadas a esses regentes. Algumas delas os ligam aos elementos; dessa forma, o "espírito" ou regente do leste está relacionado ao ar; o sul, ao fogo; o oeste, à água; o norte, à terra.

Novamente, alguns wiccanos não os veem como sendo de Natureza necessariamente fundamental, mas simplesmente como antigos guardiões ou observadores dos quatro pontos cardeais, talvez criados pelas deusas e pelos deuses de épocas passadas.

Ainda assim, outros wiccanos os veem como os Todo-Poderosos, antigos humanos que já passaram pelo caminho da encarnação até alcançarem a perfeição. Isso os permite "morar com a Deusa e com o Deus". Esses Todo-Poderosos estão mitologicamente ligados aos quatro pontos cardeais.

Talvez seja melhor estar em contato com essas energias e desvendá-las por si só. Não importa como você veja esses regentes, abra-se a eles durante sua invocação. Não diga somente as palavras ou visualize as cores durante a invocação do círculo; convide-os para estarem presentes. Sintonize-se com sua consciência. *Saiba* se eles já chegaram ou ainda não.

Muitos wiccanos dizem as palavras, mas não se preocupam em verificar sua eficácia. As palavras são o que menos importa dentro de um ritual wiccano, salvo por seu uso na promoção da consciência do próprio ritual.

As palavras não precisam ser usadas para invocar os regentes; porém, são ferramentas que treinam nossa atenção, focam nossa consciência e agitam nossas emoções – quando necessário. Você pode usar as invocações na seção de criação do círculo do livro ou pode escrevê-las você mesmo.

Para sair do círculo durante um ritual, abra uma porta (ver seção III). Ela preserva o fluxo de energia ao redor do círculo, exceto por uma pequena parte que você libera. Através dessa porta, você pode passar para o mundo exterior sem perturbar o restante do círculo. Lembre-se somente de fechá-la depois de voltar.

Outra forma bem simples de construir o círculo usa a força física para aumentar o poder, e fica mais fácil de fazer se ainda não tiver muita prática na obtenção da energia. Fique em pé olhando fixamente para o norte na borda do futuro círculo. Olhe para a direita e caminhe devagar, marcando a borda do círculo com seus pés.[26]

À medida que você continua seu ritual, invoque os nomes da Deusa e do Deus, ou ambos, se preferir. Você pode pensar na presença deles ou simplesmente mudar o foco de sua consciência para a energia que seu corpo gera no momento. Se tiver montado seu altar em um lado do círculo, mova-se um pouco para dentro quando passar por ele.

Continue a caminhar no sentido horário, mas lentamente comece a acelerar o passo. A energia sairá de seu corpo e, colhida pelo ímpeto, será carregada consigo na medida em que caminha no círculo.

Vá mais rápido. Sinta a energia fluindo dentro de você. Você pode começar a ter uma sensação de estar caminhando sobre a água – a energia se moverá junto com você, na medida em que a libera. Sinta seu poder pessoal criando uma esfera de energia ao redor do altar. Quando isso for firmemente estabelecido, invoque os quatro pontos cardeais, e assim os rituais poderão começar.

Ambos os métodos anteriores são ideais para os rituais em que a magia esteja presente; porém, para os rituais estritamente religiosos, essas estruturações da energia psíquica não são estritamente necessárias. Apesar de o círculo supostamente estar "entre os mundos" e ser um local de encontro com a Deusa e com o Deus, nós não precisamos criar esses templos psíquicos para comungar com as divindades da Natureza, nem elas aparecem quando chamadas, como se fossem animais de estimação. O ritual wiccano é usado para aumentar nossa consciência sobre elas, não o contrário.

Portanto, as complexas criações do círculo (como aquela encontrada na seção III) não são sempre necessárias, principalmente durante

---

26. No hemisfério norte, a maioria dos wiccanos se movimenta no sentido horário dentro do círculo, exceto durante alguns rituais de expulsão. Na Austrália e em outras partes do hemisfério sul, os círculos podem ser criados no sentido anti-horário, já que esse é o sentido no qual o sol se move.

os rituais feitos ao ar livre, onde esses círculos são geralmente impossíveis de serem feitos. Felizmente, existem maneiras mais fáceis de eles serem usados.

Um círculo feito ao ar livre pode implicar em nada além do que colocar um bastão de incenso em cada ponto que representa os pontos cardeais. Comece pelo norte e se movimente no sentido horário por todo o círculo. Invoque os pontos cardeais.

Um círculo também pode ser traçado na areia ou na terra com a ajuda do dedo, de uma varinha ou de um punhal com cabo branco. Esse círculo é ideal para os rituais feitos em praias ou florestas.

Ou você pode preferir colocar objetos que destaquem o perímetro do círculo. A vegetação é particularmente melhor: as flores para a primavera, os pinheiros e azevinhos para o inverno (ver "Grimório Herbáceo", página 193, no *Livro das Sombras das Pedras Erguidas*, para obter outras sugestões). Um anel feito de pequenas pedras polidas por um rio ou de cristais de quartzo é outra possibilidade.

Alguns wiccanos vertem um pequeno e inquebrável círculo de alguma substância que defina o espaço do ritual. Ervas em pó, farinha (como usado em antigos rituais do Oriente Médio, assim como em rituais de Vudu contemporâneos), minerais coloridos amassados, areia ou sal podem ser despejados em sentido horário. Como dito anteriormente, uma corda também pode ser colocada em forma de anel.

Para obter mais informações relacionadas à criação do círculo, veja o *Livro das Sombras das Pedras Erguidas*.

Invocação

De certa forma, esta é considerada a base de todos os rituais wiccanos e, de fato, é a única parte realmente necessária. Os rituais wiccanos estão em sintonia com os poderes da Deusa e do Deus; todo o resto é considerado pompa.[27]

---

27. Apesar de ter de, é claro, promover a consciência sobre o ritual. Os rituais realizados ao ar livre raramente precisam de tantas invocações, porque os wiccanos já se cercam pelas manifestações naturais das divindades.

A palavra "invocação" não deve ser tomada tão literalmente. Ela geralmente se refere a uma oração ou verso falado, mas também pode consistir em música, dança, gestos e canções.

Existem diversas invocações à Deusa e ao Deus dentro do *Livro das Sombras das Pedras Erguidas*. Sinta-se à vontade para usá-las quando estiver fazendo seus próprios rituais, mas lembre-se de que as invocações improvisadas geralmente são mais eficazes que a maioria das antigas orações.

Se realmente você escrever suas próprias invocações, pode querer incorporar uma rima. Séculos de tradição mágica confirmam o valor de uma rima. A rima, com certeza, deixa as invocações muito mais fáceis de serem memorizadas.

A rima também entra em contato com o inconsciente ou com a mente psíquica. Ela adormece nossas mentes socialmente, materialmente e intelectualmente e nos permite entrar no consciente do ritual.

Quando fizer a invocação, você não deve se irritar se esquecer uma palavra, nem pronunciar algo errado ou perder a linha de pensamento. Isso acontece e é uma manifestação de cansaço, do estresse ou do desejo de ter o círculo perfeito.

A invocação requer uma disposição para se abrir à Deusa e ao Deus. Não é necessário ter um desempenho extraordinário. Como a maioria dos rituais começa com uma invocação, este é, de certa forma, o momento da verdade. Se a invocação não for sincera, não haverá contato com a Deusa e com o Deus, e o ritual proveniente dela não será nada além de um ritual vazio.

Pratique a invocação às divindades, não somente nos rituais, mas diariamente, por toda a sua vida. Lembre-se: a prática wiccana não se limita às luas cheias ou aos sabás – ela é um estilo de vida diário.

Em um sentido mais metafísico, a invocação é um ato que tem dois níveis. Ela não serve somente para invocar a Deusa e o Deus, ela também serve para nos despertar (mudar nossa consciência) para nossa parte divina – nossa essência inviolável e intransmutável: nossa ligação com os Anciãos.

Em outras palavras, quando você fizer a invocação, faça-a não somente às forças maiores, mas também às divindades que habitam dentro de você, à centelha de energia divina que existe dentro de todas as criaturas vivas.

Os poderes por trás de todas as divindades são um só. Eles habitam em todas as pessoas. Isso explica o porquê de todas as religiões se fundirem às suas essências, e o porquê de elas trabalharem por seus respectivos adeptos. Se houvesse somente uma forma correta de se aproximar de uma divindade, haveria somente uma religião ideal. Isso nunca vai acontecer.

O conceito de que a Deusa e o Deus habitem em nós pode parecer egoísta (somos todos divinos!); porém, somente a partir de um ponto de vista desequilibrado. Sim, quando algumas pessoas compreendem essa ideia, elas começam a agir como se realmente fossem divinas. Enxergar a divindade dentro de toda a humanidade ajuda a equilibrar essa ideia.

Enquanto nós somos, de certa forma, imortais (nossas almas certamente o são), não somos os Imortais. Nós não somos os seres universais, atemporais e transcendentais reverenciados em todas as religiões.

Chame a Deusa e o Deus com amor e sinceridade, e seus rituais serão abençoados.

Observação do ritual

A observação geralmente vem logo após a invocação, se o ritual ocorrer em um sabá ou *esbat*. Ela também pode ser considerada um ritual de meditação, transição, agradecimento, ou simplesmente alguns momentos de comunhão. Nesses casos, as observações dos rituais podem ou não ser necessárias.

Nós não precisamos ficar abatidos, sérios ou carrancudos durante esses rituais. Os wiccanos são sérios quando se trata de sua religião, mas isso não significa que as divindades o sejam também.[28] A risada tem suas funções dentro do ritual e da magia. Por exemplo, rir de verdade

---

28. A maioria dos wiccanos tem suas anedotas favoritas sobre os incidentes no círculo. Uma das minhas aconteceu quando eu estava à frente de um ritual. Eu pronunciei errado o nome do regente principal da terra ("Goob" em vez de "Ghob"); o machado de dupla lâmina caiu do altar e bati minhas mãos no candelabro, que ficou pendurado no altar durante o chamamento da energia. Foi um ritual divertido.

de uma maldição pode destruir seus efeitos. Isso ergue uma energia protetora poderosa ao seu redor, através da qual as energias negativas não conseguem penetrar. A risada libera uma tremenda carga de poder pessoal.

Então, quando derramar sal, derrubar uma vela, não conseguir acender o incenso e esquecer o verso, ria e comece de novo. Muitos recém-chegados à Wicca trazem suas ideias de religião séria e solene ao círculo mágico; porém, essas ideias não têm nada a ver com a Wicca.

Deixe essas ideias para trás. A Wicca é uma religião de paz e de felicidade e, sim, também de risadas. O ritual wiccano não precisa de pomposidade, a menos que ela seja desejada.

Energização

Na prática, isto é magia – o movimento das energias naturais para realizar as mudanças necessárias. Você pode aumentar a força da energia na maioria dos rituais wiccanos, apesar de quase nunca ser obrigatório. As luas cheias, os solstícios e os equinócios, no entanto, são épocas clássicas para fazer magia, já que existem energias extras na Terra que podem ser utilizadas para melhorar a eficácia de sua magia.

Isso não significa que os rituais wiccanos sejam simplesmente uma desculpa para trabalhar com a magia. Apesar de ser perfeitamente permitido trabalhar com a magia durante os oito dias de poder (de fato, é o tradicional), muitos wiccanos não o fazem, preferindo que essa época seja de sintonia e celebração, e não de magia.

Uma das maiores diferenças, no entanto, entre a Wicca e a maioria das outras religiões é a aceitação da magia, não somente pelas mãos de sacerdotes especializados que fazem milagres enquanto outros observam, mas pelas mãos de todos os praticantes de seus rituais. Portanto, a magia pode ser trabalhada com a consciência tranquila na maioria dos rituais wiccanos após a invocação e a observação do ritual.

Dentro da magia, assegure-se de que sua necessidade seja real, assegure-se de estar emocionalmente envolvido nessa necessidade e de que você sabe que sua magia irá funcionar. Alguns dos feitiços mais simples são os mais eficazes. Depois de tantos anos, muitas vezes eu prefiro utilizar velas coloridas, óleos e ervas como foco de energia. Existem diversas formas de praticar a magia; encontre uma que seja a melhor para você (ver bibliografia de livros relacionados, página 241).

Como já escrevi em outro lugar, a magia é a magia. Ela não é religiosa no sentido mais comum da palavra. Dentro da Wicca, no entanto, a magia é trabalhada geralmente enquanto a Deusa e o Deus são invocados, pedindo sua presença e sua força para a realização desta. É isso que torna a magia wiccana religiosa.

O círculo mágico (ou esfera) é formado para manter o poder durante o ritual de energização. Quando estão desenvolvendo o poder para um feitiço em uma das antigas formas (dança, cantos sem fim, visualização, entre outros), os wiccanos tentam mantê-lo dentro de si até que este alcance seu pico. Nesse momento, ele é liberado e enviado em direção ao seu objetivo. É difícil segurar todo esse poder – principalmente durante a dança –, e por isso o círculo faz esse trabalho. No entanto, uma vez liberado esse poder, o círculo não impede o fluxo de energia que vai em direção ao seu destino.

Os círculos não são necessariamente feitos para a prática da magia, mas, se você invocar a Deusa e o Deus para ajudá-lo, a presença do círculo assegura que o poder que receber será apropriadamente guardado até que você decida quando liberá-lo.

Peça ajuda à Deusa e ao Deus, para realizarem seu desejo ou para aumentarem seus próprios poderes, não importa qual o tipo de magia que pratique no círculo.[29] Ao fazê-lo, você estará expandindo sua consciência sobre as divindades dentro de si, abrindo um canal através do qual a energia divina possa fluir. Agradeça à Deusa e ao Deus após o término do ritual usando palavras, acendendo uma vela ou oferecendo comida ou bebida em um prato ou no chão.

Nesta parte, é necessário dizer algumas palavras sobre a magia "negra". Obviamente, qualquer magia que tenha o propósito de prejudicar ou controlar outro ser vivo – mesmo se você achar que é para o bem do outro – é uma magia negativa. Essa atitude o deixa à mercê de

---

29. Desde que seja positiva.

receber energias negativas de volta. A magia negativa não faz parte da magia wiccana.

Quando tiver terminado seu ritual mágico, descanse por alguns momentos. Observe as velas da Deusa e do Deus ou as suas imagens em cima do altar. Você também pode observar a fumaça do incenso subindo ou a tigela coberta com flores frescas. Pense nas divindades e em sua relação com elas, assim como em seu lugar no Universo. Não pense mais no ritual, tentando mudar o foco de seu pensamento.

Você provavelmente se sentirá exaurido se, de fato, liberar toda a energia; portanto, sente-se e tente relaxar por alguns instantes. Esse é um momento de reflexão. Ele irá fluir suavemente em direção ao próximo passo.

Canalização do poder para a terra

Quando tiver liberado energia, o poder residual geralmente corre ainda em você. Alguns traços desse poder podem permanecer dentro do círculo. Esse poder deve ser canalizado para a terra ou reprogramado para voltar à sua intensidade de energia normal. Mesmo se não tiver praticado magia, é necessário canalizar o poder para a terra antes de encerrar o ritual, principalmente quando este consiste em uma refeição, já que esse ritual contém aspectos sagrados também.

Alguns wiccanos chamam este ritual de Bolos e Vinho ou Bolos e Cerveja. No *Livro das Sombras das Pedras Erguidas*, chamei este ritual de O Banquete Simples. É tudo a mesma coisa – um ritual de ingestão de comida e bebida que serve para nos acalmar do êxtase.

O ato de comer faz seu corpo entrar em outro estado. Já que a comida é um produto da terra, ela gentilmente nos devolve a consciência à realidade física. A comida é uma manifestação da energia divina. O ato de comer representa a verdadeira comunicação com as divindades.

Essa refeição pode consistir em algumas bolachas e leite, suco e pão, queijo e vinho; talvez alguns bolos tradicionais em forma de meia-lua (na verdade bolachas) e vinho (ver "Receitas", página 187 – no *Livro das Sombras das Pedras Erguidas*) sejam perfeitos. A comida geralmente é abençoada antes de ser digerida, e você pode encontrar exemplos de rituais para essas ocasiões no *Livro das Sombras das Pedras Erguidas*.

Antes de comer, faça uma pequena oferenda à Deusa e ao Deus espalhando migalhas de bolo e jogando algumas gotas de líquido pelo chão. Se a refeição ocorrer em local fechado, coloque essas oferendas em uma tigela especial para libação. Enterre tudo no chão, na parte externa do lugar, assim que possível após o ritual.

Existem outras formas de se conectar com a terra e de canalizar o poder para ela.

Funciona também se experimentar um pouco de sal e, em seguida, jogá-lo ao redor do círculo. Você também pode tentar praticar a visualização nesse caso. Tente ver o excesso de energia como um tipo de neblina arroxeada suspensa sobre o círculo e que também está em você. Segure qualquer tipo de instrumento (o punhal mágico, uma pedra, o pentáculo ou qualquer outra coisa) e visualize-o absorvendo a energia extra. (Tente segurá-lo com a mão receptora.) Quando o círculo estiver limpo e você se sentir normal de novo, solte o instrumento. Quando o fizer com seu punhal mágico (*athame*), a energia extra pode ser usada, mais tarde, para feitiços e para formar o círculo mágico. Existem muitas possibilidades; alguns wiccanos guardam velas embaixo do altar e enviam o excesso de energia para elas.

Agradecimento aos Deuses

A próxima fase do ritual wiccano consiste em agradecer à Deusa e ao Deus por sua presença e comparecimento ao seu círculo. Isso pode ser feito de maneiras bem específicas, com gestos, cantos ou música, ou ainda pode ser algo improvisado no momento.

Alguns wiccanos acreditam que esse ritual dispensa as divindades. Eu estremeço só de pensar nisso. Imagine um wiccano sem importância dizendo aos Deuses que eles podem ir embora![30]

Agradeça a eles por sua atenção e peça para que voltem. É disso que se trata esse ritual.

---

30. Além do mais, eles nunca vão embora. Estão dentro de nós e em toda a Natureza.

Rompimento do círculo

O modo como você retorna um local ao seu estado normal depende do modo como tenha criado o círculo. Se usar o modo encontrado no *Livro das Sombras das Pedras Erguidas*, feche com o ritual que o acompanha. Nesta seção, veremos quais são as formas de dispersar os círculos descritos anteriormente na "Criação do Espaço Sagrado".

A primeira, na qual o círculo é visualizado girando ao seu redor e ao redor do altar, é a mais fácil. Agradeça aos regentes por terem se feito presentes no ritual. Fique em pé novamente diante do altar. Estenda a mão receptora (será a direita se você for canhoto). Visualize-se absorvendo a energia que criou o círculo. Sinta a energia voltando à sua palma e, portanto, ao seu corpo.

Você também pode usar o punhal mágico para "cortar" o círculo. Visualize seu poder retornando para a lâmina e para o cabo.

A outra forma usada é, para alguns wiccanos, ofensiva; porém, ela se baseia nos ensinamentos mais ortodoxos da Wicca. Se você criou seu círculo no sentido horário em volta do altar, fique ao norte e movimente-se devagar em direção ao oeste, ao sul e ao leste, voltando ao norte. À medida que se movimenta, retire a energia que se encontra no círculo e absorva-a.[31]

Para outros tipos de círculos, "quebre" ou disperse-os de alguma forma. Se fizer um anel de pedras ao redor do altar, retire-as. Remova as flores ou as plantas se estas estiverem marcando o perímetro do círculo e disperse ou varra os anéis feitos de ervas, sal ou farinha.

Não importa a forma em que o faça, agradeça os regentes dos quatro pontos cardeais por sua presença e peça a eles que abençoem os futuros rituais.

Quando o círculo for desfeito, guarde todos os instrumentos usados no ritual. Se você tiver usado sal e água (como na consagração do

---

31. Aqueles que se encontram ao sul do Equador farão esta e todas as dispersões dos círculos exatamente na direção oposta. Alguns wiccanos acreditam que qualquer movimento feito no sentido anti-horário seja negativo; porém, ele é usado aqui por um motivo legítimo e, de fato, essa é a forma em que o círculo é rompido em pelo menos uma tradição wiccana, que eu saiba. Se não se sentir à vontade com esse movimento, simplesmente se movimente no sentido horário e pegue a energia de volta.

círculo encontrada no *Livro das Sombras das Pedras Erguidas*), guarde o sal que sobrou para ser usado no futuro; porém, jogue a água diretamente na terra. As oferendas colocadas na tigela de libação devem ser enterradas junto com as cinzas do incenso, apesar de que essas cinzas às vezes são guardadas para ser usadas em futuros rituais e feitiços.

Não é necessário desfazer o altar imediatamente. De fato, ele pode ser deixado montado pelo resto da noite ou do dia. Quando você começar a guardar os instrumentos, é um bom simbolismo esperar para apagar as velas até o último minuto. Use um apagador de velas, seus dedos ou a lâmina de um punhal de cabo branco (retire a cera e a fuligem após cada uso). Comece pelas velas colocadas em cada ponto cardeal e por quaisquer outras que possa ter usado; em seguida, apague o círio do Deus e finalmente a vela da Deusa.

Seu ritual chegou ao fim.

Seção III
Livro das Sombras das Pedras Erguidas

Introdução ao *Livro das Sombras das Pedras Erguidas*

Este é um Livro das Sombras completo, pronto para ser usado. Eu escrevi grande parte dele anos atrás, para alunos que queriam praticar a Wicca, porém não conseguiram entrar em nenhuma irmandade. Não há nenhum segredo aqui, nem estou pegando emprestadas informações sobre outras tradições, exceto aquelas de conhecimento geral.

Neste Livro das Sombras, eu me limito às minhas observações, notas e comentários. Se surgirem dúvidas enquanto estiver lendo esses rituais ou enquanto estiver trabalhando neles, tente saná-las da melhor forma possível. Palavras e termos desconhecidos podem ser observados no glossário na página 229.

Por favor, lembre-se de que este é simplesmente *um* Livro das Sombras. Existem inúmeros outros, cada um deles com pontos fortes e pontos fracos. Alguns deles já foram impressos, em parte ou em sua totalidade (ver bibliografia, página 241).

Este não é, eu repito, *não* é um escrito sagrado, nem também pretende revelar tais escritos. Eu o escrevi de uma forma um tanto quanto romântica e barroca, esperando, com isso, conseguir estimular sua imaginação. Lembre-se: o Livro das Sombras não é imutável. Sinta-se à vontade para fazer quaisquer alterações que quiser ou use este Livro das Sombras como um padrão para escrever o seu próprio. Não é minha intenção iniciar uma nova tradição wiccana.

Os rituais foram criados para as pessoas os praticarem sozinhas. Os trabalhos em grupo requerem algumas alterações.

Por que as "pedras erguidas"? Os sítios megalíticos da Grã-Bretanha e da Europa sempre me fascinaram. Os círculos e os menires de pedra estimulam minha imaginação, e eu me pergunto quais eram os rituais feitos ali por seus criadores ancestrais.[32]

Eu baseei a criação de círculos desse sistema em um círculo psíquico feito de pedras, bem como um círculo físico. Se você não se sentir à vontade com essa ideia, simplesmente mude o ritual. Nunca tenha medo de fazê-lo – você não irá se transformar em pó. Nenhuma divindade furiosa irá descer à Terra, a menos que você use rituais para chamar por sangue ou morte ou sacrifícios vivos, ou ainda se você realizar rituais para prejudicar ou manipular as pessoas.

Enquanto realiza estes ou quaisquer outros rituais, lembre-se de visualizar, sentir e mover a energia. Sinta a presença da Deusa e do Deus. Se não fizer nada disso, os rituais não serão nada.

Espero que este Livro das Sombras estimule sua imaginação e o guie ao longo do caminho da Wicca.

Para aqueles que estejam interessados, o caminho está aberto.

Que assim seja!

---

32. Estes não eram os druidas; os druidas chegaram mais de mil anos depois e não tiveram nada a ver com a construção de locais como Stonehenge. Desculpe!

Palavras para os Sábios

Ó filhas e filhos da Terra, adorem a Deusa e o Deus e sejam abençoados por toda a vida.
 Saiba que foram eles que o trouxeram até estes escritos, pois aqui se encontra o caminho para chegar à Wicca, para servir e satisfazer os guardiões da sabedoria, os detentores da chama sagrada do conhecimento. Siga os rituais com amor e alegria, e a Deusa e o Deus o abençoarão com tudo o que precisa. Porém, aqueles que praticam a magia negra conhecerão sua grande ira.

 Lembre-se de que você faz parte da Wicca. Você nunca mais andou pelo caminho da dúvida. Você anda no caminho da luz, sempre saindo da sombra e indo em direção ao mais alto domínio da existência. Porém, apesar de sermos os detentores das verdades, outros não querem compartilhar nosso conhecimento; portanto, realizamos nossos rituais sob o céu enluarado, envoltos pelas sombras. Mas somos felizes.

 Viva tudo o que a vida tem a oferecer, pois esse é seu propósito. Não se abstenha de viver. É da vida que tiramos nosso aprendizado, até o momento em que renascemos para aprender mais, repetindo esse ciclo até chegarmos ao caminho da perfeição e podermos, finalmente, considerar a Deusa e o Deus nossa família.

 Caminhe pelos campos e florestas; refresque-se com as brisas e com o toque de uma flor. A lua e o sol cantam nos locais antigos da natureza: uma praia deserta, um deserto inóspito, uma cachoeira exuberante. Nós somos da Terra e devemos reverenciá-la; portanto, honre-a.

 Celebre os rituais nos dias e nas estações correspondentes e invoque a Deusa e o Deus quando chegar o momento, mas use seu Poder somente quando necessário, nunca por motivos não importantes. Saiba que usar o Poder para prejudicar alguém é uma perversão da própria vida.

Mas, para aqueles que amam e exaltam o amor, a riqueza da vida deverá ser sua recompensa. A Natureza irá celebrar.

Portanto, ame a Deusa e o Deus e não prejudique ninguém!

A Natureza do nosso jeito

Sempre que possível, realize os rituais em florestas, em praias, no topo de montanhas desertas ou próximo a lagos tranquilos. Se isso não for possível, um jardim ou uma câmara poderá servir, se o local estiver pronto e coberto com flores e incensos.

Procure o conhecimento nos livros, em manuscritos raros e em poemas criptografados, se quiser; porém, procure-o também em simples pedras, nas ervas delicadas e no canto dos pássaros selvagens. Ouça o sussurro do vento e o barulho da água se quiser descobrir os mistérios da magia, porque é na natureza que os antigos segredos são preservados.

Os livros contêm palavras; as árvores, energia e sabedoria que os livros nem imaginam.

Lembre-se sempre de que as Antigas Tradições se revelam constantemente. Portanto, seja como o salgueiro à beira do rio que se dobra e balança com o vento. Aquele que se mantém imutável pode viver além de seu espírito, mas aquele que evolui e cresce viverá ao longo dos séculos.

Não pode haver monopólio no conhecimento. Portanto, compartilhe o que sabe com os outros que procuram esse conhecimento; porém, proteja a tradição mística dos olhos daqueles que a destruiriam, porque deixar de protegê-la aumentaria os riscos de sua destruição.

Não ria dos rituais ou dos feitiços dos outros, porque quem pode afirmar que os seus são mais poderosos e sábios que os demais?

Assegure-se de agir com honra, porque tudo o que fizer deverá voltar para si três vezes, seja algo bom ou ruim.

Cuidado com aquele que poderia dominá-lo, que poderia controlá-lo e manipular seus rituais e invocações. A verdadeira invocação feita à Deusa e ao Deus acontece dentro de nós. Suspeite de qualquer pessoa que distorça a veneração para seu próprio bem e glória, mas receba de braços abertos as sacerdotisas e os sacerdotes que são repletos de amor.

Honre todos os seres vivos, já que nós somos o pássaro, o peixe, a abelha. Não destrua a vida, preserve-a e estará preservando sua própria vida.

E essa é a natureza do nosso jeito.

Antes do tempo

Antes do tempo, existia o Uno; o Uno era tudo, e tudo era o Uno.

E o vasto espaço conhecido como o Universo era o Uno, onisciente, onipresente, todo-poderoso, eternamente mutável.

E o espaço se movia. O Uno moldou a energia e a transformou em duas formas, iguais, porém opostas, criando a Deusa e o Deus a partir do Uno e do Uno.

A Deusa e o Deus agradeceram ao Uno; porém, a escuridão os cercava. Eles se encontravam sós, eram solitários, somente contando com a presença do Uno.

Então, eles transformaram a energia em gases, e os gases em sóis e planetas e luas; eles encheram o universo com globos giratórios, e tudo começou a criar forma pelas mãos da Deusa e do Deus.

A luz surgiu e o céu ficou iluminado por um bilhão de sóis. E a Deusa e o Deus, satisfeitos com sua obra, regozijaram-se e amaram-se, e tornaram-se um.

De sua união, surgiram as sementes para todas as vidas, inclusive para a raça humana; dessa forma, pudemos alcançar a encarnação sobre a Terra.

A Deusa escolheu a lua como seu símbolo, e o Deus escolheu o sol como seu símbolo, para lembrar os habitantes da Terra de seus criadores.

Todos nascem, vivem e morrem, e renascem sob o sol e a lua; todas as coisas passam, e tudo acontece com a bênção do Uno, da mesma forma como acontece desde antes do tempo.

Canção da Deusa
(baseada em uma invocação feita por Morgan)[33]

Eu sou a Grande Mãe,
venerada por todas as criaturas e existente desde antes de suas consciências.
Eu sou a principal força feminina, infinita e eterna.

Eu sou a Deusa casta da lua, a senhora de toda a magia.
Os ventos e as folhas que se movem cantam meu nome.
Eu uso a lua crescente como meu manto
e meus pés descansam entre os céus estrelados.
Eu sou os mistérios ainda não desvendados,
um caminho recém-trilhado.
Eu sou um campo intocado pelo arado.
Regozije-se em mim e conheça a plenitude da juventude.

Eu sou a Mãe abençoada, a afável senhora da colheita.
Visto-me com a profundidade e com o frescor da terra
e com o ouro dos campos cheios de grãos.
Por mim o curso da Terra é regido;
todas as coisas nascem de acordo com minha estação.
Eu sou o refúgio e a cura.
Eu sou a Mãe que dá a vida, maravilhosamente fértil.

Venere-me como a anciã,
detentora do ciclo inquebrável da morte e do renascimento.
Eu sou a roda, a sombra da lua.

---

33. Minha primeira professora e sacerdotisa. Esta canção e a seguinte, "Chamado do Deus", não devem necessariamente ser cantadas nos rituais. Elas podem ser lidas em rituais de devoção particulares, com a intenção de aprender mais sobre a Deusa e o Deus, ou ser usadas em rituais inserindo as palavras "ela" e "ele" e fazendo outras pequenas modificações que combinem com essas alterações.

*Eu rejo o curso dos homens e das mulheres e
liberto e renovo as almas cansadas.
Apesar de a sombra da morte ser meu domínio,
a alegria do nascimento é meu presente.*

*Eu sou a Deusa da lua, da terra, dos mares.
Meus nomes e poderes são incontáveis.
Eu derramo a magia e o poder, a paz e a sabedoria.
Eu sou a eterna donzela, a Mãe de todos e a anciã da escuridão,
e envio bênçãos de amor eterno.*

Chamado do Deus

*Eu sou o rei radiante dos céus,
inundando a Terra de calor e
encorajando a semente escondida da criação
a se manifestar.
Eu ergo minha lança brilhante para iluminar
as vidas de todos os seres e
dia após dia lanço meu ouro à Terra,
afastando os poderes da escuridão.*

*Eu sou o mestre das criaturas selvagens e livres.
Eu corro com o veloz veado e
voo como um falcão sagrado em direção ao céu cintilante.
As antigas florestas e os locais selvagens emanam meus poderes,
e os pássaros no ar cantam sobre minha santidade.*

*Eu também sou a última colheita,
oferecendo grãos e frutos sob a foice do tempo
para que todos possam ser alimentados.
Pois sem plantações não pode haver colheita;
sem inverno, não há primavera.*

*Venerem-me como o sol da criação de mil nomes,
o espírito do veado com chifres na floresta, a colheita infinita.*

*Veja no ciclo anual dos festivais meu nascimento,
minha morte e meu renascimento –
e saiba que este é o destino de toda a criação.*

*Eu sou a centelha da vida, o sol radiante,
o doador da paz e do descanso,
e envio meus raios de bênçãos para aquecer os corações
e fortalecer a mente de todos.*

O círculo de pedras

O círculo de pedras é usado durante os rituais feitos em locais fechados, em rituais feitos para despertar a energia, na meditação, e assim por diante.

Primeiro, limpe a área com a vassoura usada em rituais.

Para esse círculo, você precisará de quatro pedras grandes e planas. Se não tiver nenhuma, velas podem ser usadas para marcar os quatro pontos cardeais do círculo. Velas brancas ou roxas podem ser usadas, assim como as cores relacionadas a cada direção – verde para o norte, amarelo para o leste, vermelho para o sul e azul para o oeste.

Coloque a primeira pedra (ou vela) ao norte, para representar o espírito da pedra do norte. No ritual, quando você invocar os espíritos das pedras, estará, na verdade, invocando tudo o que se encontra naquela direção, incluindo as energias elementais.

Após colocar a pedra (ou vela) do norte, coloque as pedras do leste, do sul e do oeste. Elas devem formar um quadrado, quase abrangendo a área de trabalho. Esse quadrado representa o plano físico no qual nós existimos – a Terra.

Agora pegue uma longa corda roxa ou branca[34] e faça um círculo, usando as quatro pedras ou velas para guiá-lo. Isso requer um pouco mais de prática para fazê-lo bem. A corda deve ser colocada de forma que as pedras permaneçam dentro do círculo. Agora você tem um quadrado e um círculo, o círculo representando a realidade espiritual. Como tal, esse

---

34. Feita, talvez, a partir de um fio entrelaçado.

é um círculo quadrangular; o local da interpenetração dos domínios físico e espiritual.

O tamanho do círculo pode variar de 1,50 metro a seis metros, dependendo do tamanho do local e do que deseja.

Em seguida, monte o altar. Os instrumentos a seguir são recomendados:

- Um símbolo da Deusa (vela, pedra com furo, estátua)
- Um símbolo do Deus (vela, chifre, bolota, estátua)
- Punhal mágico (*athame*)
- Varinha
- Incensário
- Pentáculo
- Uma tigela com água (fonte, chuva ou torneira)
- Uma tigela com sal (também pode ser colocada em cima do pentáculo)
- Incenso
- Flores e plantas
- Uma vela vermelha em um candelabro (se não for uma vela de ponta)
- Quaisquer outros instrumentos ou materiais necessários no ritual, feitiço ou trabalho de magia

Símbolo da Deusa ou vela	Incensário	Símbolo do Deus ou vela
Tigela com água	Vela vermelha	Tigela com sal
Taça	Pentáculo	Incenso
Cristal	Caldeirão ou materiais para feitiços	Punhal/varinha
Sino		*Bolline*

Disposição sugerida para o altar

Monte o altar de acordo com o plano mostrado aqui ou de acordo com sua ideia. Além disso, assegure-se de ter muitos fósforos, bem como recipientes à prova de calor para poder jogá-los depois de usados. Também é necessário ter um bloco de carvão para queimar o incenso.

Acenda as velas e o incenso. Erga o punhal e encoste a lâmina na água, dizendo:

Eu consagro e limpo esta água
para que seja purificada e se torne própria
para habitar o círculo sagrado das pedras.
Em nome da Deusa Mãe e do Deus Pai,[35]
eu consagro esta água.

Quando fizer isso, visualize seu punhal cortando toda a negatividade da água.

O sal será o próximo a ser tocado com a ponta do punhal, enquanto diz:

Eu abençoo este sal para que se torne próprio
para habitar o círculo sagrado das pedras.
Em nome da Deusa Mãe e do Deus Pai,
eu abençoo este sal.

Agora fique em pé em direção ao norte, na borda do círculo marcado com a corda. Segure seu punhal mágico para fora, na altura da cintura. Caminhe devagar ao redor do perímetro do círculo no sentido horário, seus pés dentro da corda, carregando-o com suas palavras e sua energia. Crie o círculo – através da visualização – com o poder saindo da lâmina do punhal. Enquanto caminha, libere toda a energia até que ela forme uma esfera completa ao redor da área de trabalho, metade acima do chão e metade embaixo. Enquanto o faz, diga:

Este é o limite do círculo de pedras.
Nada além de amor deverá entrar, nada além de amor deverá vir dele.
Cubram-no com seus poderes, Anciãos!

---

35. Se você estiver em sintonia com uma deusa e um deus específicos, substitua seus nomes aqui.

Quando você tiver voltado ao ponto norte, coloque o punhal mágico no altar. Pegue o sal e jogue-o ao redor do círculo, começando e terminando no ponto norte, sempre no sentido horário. Em seguida, pegue o incensário e dê uma volta no círculo; depois, faça isso com a vela deixada no ponto sul ou com a vela vermelha já acesa deixada no altar; por fim, jogue um pouco de água ao redor do círculo. Faça mais além de carregar os objetos e caminhar, sinta as substâncias purificando o círculo. O círculo de pedras agora está selado.

Segure a varinha no alto quando estiver no ponto norte, na borda do círculo, e diga:

Ó espírito da pedra do norte,
ancião da terra,
Eu chamo por ti para que participes deste círculo.
Cubram-no com seus poderes, Anciãos!

Quando disser isso, visualize uma névoa esverdeada surgindo e invadindo o ponto norte, sobre a pedra. Essa é a energia elementar da terra. Quando o espírito estiver presente, abaixe a varinha, vá para o lado leste, erga-a novamente e diga:

Ó espírito da pedra do leste,
ancião do ar,
Eu chamo por ti para que participes deste círculo.
Cubram-no com seus poderes, Anciãos!

Visualize a névoa amarelada da energia do ar. Abaixe a varinha, vá para o lado sul e repita o seguinte com sua varinha erguida, visualizando uma névoa de fogo carmesim:

Ó espírito da pedra do sul,
ancião do fogo,
Eu chamo por ti para que participes deste círculo.
Cubram-no com seus poderes, Anciãos!

Finalmente, vá para o ponto oeste e diga com a varinha erguida:

Ó espírito da pedra do oeste,

ancião da água,
Eu chamo por ti para que participes deste círculo.
Cubram-no com seus poderes, Anciãos!

Visualize a névoa azulada, essência da água.

O círculo respira e vive ao seu redor. Os espíritos das pedras estão presentes. Sinta as energias. Visualize o círculo brilhante e crescente no poder. Fique parado, sentindo essa energia por um momento.

O círculo de pedras está completo. A Deusa e o Deus podem ser chamados, e a magia criada.

Abrindo uma porta

Às vezes você pode ter de sair do círculo. Não há problema nisso, é claro; porém, como já foi mencionado, ao passar pelo círculo, você o dissipará. Para evitar que isso ocorra, é um costume abrir uma porta.

Para fazê-lo, vá para o ponto nordeste. Segure o punhal mágico apontando-o para baixo, perto do chão. *Veja e sinta* o círculo diante de você. Fure sua parede de energia com o *athame* e trace um arco, alto o suficiente para poder caminhar por ele, movimentando-se no sentido anti-horário pelo círculo por aproximadamente um metro. Movimente a ponta do punhal mágico até o centro do arco e pelo outro lado, até estar perto do chão.

Quando fizer isso, visualize a área onde a energia do círculo esteja sendo sugada de volta ao *athame*. Isso cria um vão que permite a passagem para dentro ou para fora do círculo. Puxe o punhal mágico para fora da parede do círculo. Você estará livre para sair.

Quando voltar, feche a porta colocando o *athame* no ponto nordeste mais baixo[36] do arco. Com seu punhal, trace o perímetro do círculo no sentido horário, como se estivesse redesenhando essa parte do círculo de pedras, visualizando novamente a energia azul ou roxa emanando da lâmina e tomando conta do resto do círculo. Está feito.

---

36. A direção tradicional. Em alguns grupos, os membros entram e saem do círculo a partir desse ponto.

Liberando o círculo

Quando este ritual tiver terminado, olhe em direção ao norte, erga a varinha e diga:

Adeus, espírito da pedra do norte.
Agradeço por sua presença aqui.
Vá com o poder.

Repita essa mesma fórmula olhando em direção ao leste, ao sul e ao oeste, substituindo a direção correta nos versos. Em seguida, volte seu olhar ao norte e mantenha sua varinha erguida por alguns instantes.

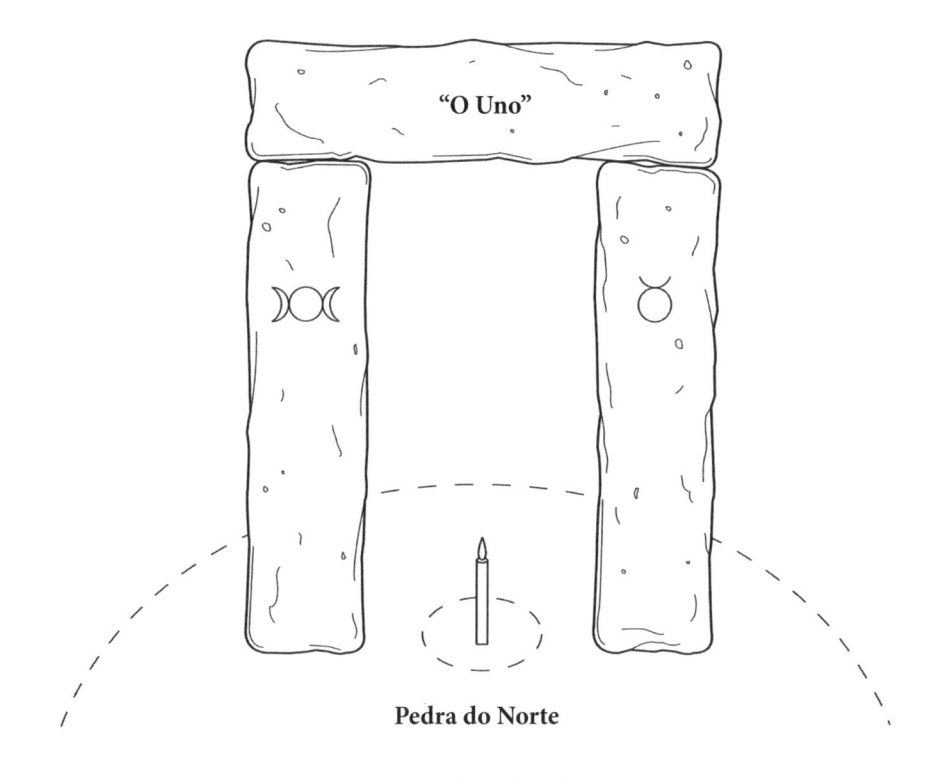

"O Uno"

Pedra do Norte

Visualização do trílito do norte

Deixe a varinha em cima do altar. Pegue o *athame*. Em pé, ao norte, fure a parede do círculo com a lâmina na altura da cintura. Caminhe no sentido horário ao redor do círculo, visualizando seu poder sendo sugado de volta ao punhal. Literalmente, puxe-o de volta à lâmina e ao cabo do punhal. Sinta o círculo se dissolver e diminuir de tamanho, o mundo exterior lentamente recuperando sua dominância na área.

Quando você chegar ao norte novamente, o círculo já não existirá.

Visualizações para o círculo de pedra

Se quiser, você pode auxiliar a criação do círculo usando as seguintes visualizações:

Prepare-se como sempre. Aproxime-se do norte e coloque sua pedra (ou vela) no chão. Em seguida, visualize uma placa de pedra em pé, a 60 centímetros à esquerda e atrás da pedra do norte. Visualize-a na cor cinza azulada, tendo 60 centímetros de largura, 60 centímetros de espessura e cerca de 1,80 metro de altura. Esta pedra representa a Deusa (ver figura na página anterior).

Quando a pedra estiver realmente lá – em sua visualização –, crie outra pedra do mesmo tamanho e cor, a 60 centímetros à direita da pedra do norte. Esta representa o Deus.

Agora, visualize uma pedra superior no topo das duas pedras erguidas. Essa pedra tem cerca de 60 centímetros por 60 centímetros por 1,50 metro. Ela representa o Uno, que veio antes da Deusa e do Deus, a fonte de todos os poderes e magias. O trílito ao norte está agora completo.

As pedras formam um arco, um símbolo e portal do domínio do elemento terra.

Visualize bem essa imagem; em seguida, observe o arco formado pelas pedras. Veja a névoa esverdeada da energia da terra.

Repita todo o processo para o leste, o sul e o oeste. Visualize a cor elementar certa para cada trílito.

Agora, purifique o sal e a água, forme o círculo como sempre e carregue o sal, o incensário, a vela e a água.

Quando chegar a cada direção para chamar o espírito da pedra, visualize perfeitamente o trílito em sua mente. Visualize-o em todo o seu esplendor pagão. Veja as névoas elementais ao seu redor, fervendo e pairando de maneira não manifestada. Abra-se aos seus sentimentos; sinta a chegada do espírito de cada pedra, e vá para a outra.

Com a prática, esse ritual flui facilmente; porém, essas visualizações nunca são realmente necessárias.

O canto da bênção

Que os poderes do Uno,
a fonte de toda criação;
onisciente, onipotente, eterno;
que a Deusa,
a senhora da lua,
e o Deus,
o caçador cornífero do sol;
que os poderes dos espíritos das pedras,
os regentes dos domínios elementais;
que os poderes das estrelas acima e da terra abaixo,
abençoem este lugar, e esta época, e a mim, que estou com você.[37]

O banquete simples

Segure uma taça de vinho ou de algum outro líquido entre suas mãos, erga-a em direção ao céu e diga:

Doce Deusa da abundância,
abençoe este vinho e preencha-o com seu amor.
Em seus nomes, Deusa Mãe e Deus Pai,
eu abençoo este vinho (ou poção, suco, etc.).

Segure um prato com bolos (pão, biscoitos) com ambas as mãos, erga-o em direção ao céu e diga:

---

37. O Canto da Bênção pode ser recitado no início de qualquer tipo de ritual como uma invocação geral. Depois, podem ser feitas invocações separadas da Deusa e do Deus.

*Poderoso Deus da colheita,
abençoe estes bolos e preencha-os com seu amor.
Em seus nomes, Deusa Mãe e Deus Pai,
eu abençoo estes bolos (ou este pão).*[38]

Consagração dos instrumentos

Acenda as velas e o incenso. Faça o círculo com as pedras. Coloque o instrumento no pentáculo ou em um prato de sal. Toque-o com a ponta do punhal mágico (ou com sua mão projetora) e diga:

*Eu o consagro, ó punhal de aço (ou varinha de madeira, etc.),
para limpá-lo e purificá-lo para que sirva a mim
dentro do círculo de pedras.
Em nome da Deusa Mãe e do Deus Pai,
você está consagrado.*

Envie a energia projetora para o instrumento, limpando-o de toda a negatividade e das associações passadas. Agora, recolha-o e salpique-o com sal, passe-o pela fumaça do incenso, pela chama da vela, e salpique-o com um pouco de água, chamando pelos espíritos das pedras para consagrá-lo.

Em seguida, segure o instrumento em direção ao céu e diga:

*Eu o confio aos Anciãos:
à Deusa e ao Deus onipotentes:
às virtudes do sol, da lua e das estrelas:
aos poderes da terra, do ar, do fogo e da água,
que eu consiga alcançar tudo o que desejo por seu intermédio.
Confio isso aos seus poderes, Anciãos!*[39]

---

38. O Banquete Simples geralmente acontece no fim dos sabás e *esbats*. É uma versão contida dos banquetes selvagens realizados antigamente durante os rituais agriculturais na Europa rural. Muitos líquidos além do vinho podem ser usados; ver na seção de receitas.

39. As palavras usadas nesse rito de consagração se baseiam em um encontrado em *A Chave de Salomão*, e se assemelham àquelas usadas em muitas tradições wiccanas.

O instrumento deverá ser imediatamente usado para fortalecer e unir a consagração. Por exemplo, o *athame* pode ser usado para consagrar outro instrumento; uma varinha, para invocar a Deusa; o pentáculo, para ser um local de descanso para um instrumento durante sua consagração.

O ritual da lua cheia

Realize-o à noite, quando a lua estiver visível, se possível. O ideal é ter meias-luas, flores brancas, prata e outros símbolos lunares no altar neste ritual. A esfera de cristal de quartzo também pode ser colocada no altar. Ou, se quiser, use o caldeirão (ou uma pequena tigela branca ou prateada) cheio de água. Coloque um pouco de prata dentro da água.

Arrume o altar, acenda as velas e o incensário e monte o círculo de pedras.

Fique em pé diante do altar e invoque a Deusa e o Deus com "o canto da bênção" e/ou com qualquer outra invocação (ver "Orações, cantos e invocações", página 179, neste Livro das Sombras).

Agora, observe a lua, se possível. Sinta como a sua energia inunda o seu corpo. Sinta a energia fresca da Deusa limpando-o com força e amor.

Agora, repita estas palavras ou algo parecido:

Senhora maravilhosa da lua
Aquela que saúda o crepúsculo com beijos prateados;
senhora da noite e de todas as magias,
que monta nas nuvens em céus escuros
e que derrama a luz sobre a terra fria;
Ó Deusa da lua,
crescente,
aquela que forma a sombra e aquela que a destrói;
reveladora dos mistérios passados e presentes;
regente dos mares e das mulheres;
Mãe sábia da lua,
eu saúdo sua joia celestial
no auge de seus poderes

*com um ritual em sua honra.
Eu oro na presença da lua,
eu oro na presença da lua,
eu oro na presença da lua.*

Continue entoando "eu oro na presença da lua" por quanto tempo quiser. Visualize a Deusa se assim o desejar, talvez como uma mulher alta e robusta usando joias prateadas e roupas brancas, esvoaçantes e drapeadas. Ela pode ter uma lua crescente em sua fronte, ou carregar uma esfera brilhante e branco prateada nas mãos. Ela caminha pela pequena estrada de estrelas da noite eterna em uma volta eterna junto ao seu amante, o Deus sol, espalhando os raios da lua por onde passa. Seus olhos sorriem, sua pele é branca e translúcida. Ela brilha.

Agora é chegada a hora da magia de todos os tipos, porque a lua cheia marca o ponto mais alto de seus poderes e, portanto, todos os feitiços do bem lançados nesse momento são poderosos.

A época das luas cheias também é excelente para a meditação, para a magia do espelho e para os trabalhos psíquicos, já que todos estes são mais bem-sucedidos quando feitos dentro do círculo. A cristalomancia é bastante recomendada; submerja o cristal sob a luz da lua antes de iniciar o ritual. Se não tiver uma esfera de cristal, use o caldeirão cheio de água e o pedaço de prata. Olhe fixamente para a água (ou para o reflexo na prata) para despertar sua consciência psíquica.

Os líquidos lunares, como a limonada, o leite ou o vinho branco podem ser consumidos durante o Banquete Simples que se inicia logo depois. Os bolos em forma de meia-lua também são tradicionais. Agradeça à Deusa e ao Deus e desfaça o círculo. Está feito.

Os Festivais Sazonais

Yule
(Aproximadamente em 21 de dezembro no hemisfério norte,
21 de junho no hemisfério sul)

O altar deverá estar adornado com sempre-vivas como o pinheiro, o alecrim, o louro, o zimbro e o cedro, e as mesmas coisas podem ser dispostas para marcar o círculo de pedras. O altar também pode ser coberto com folhas secas.

O caldeirão, disposto em cima do altar, em uma superfície à prova de calor (ou colocado diante do altar, se for muito grande), deverá ser preenchido com líquido inflamável (álcool), ou uma vela vermelha poderá ser colocada dentro dele. Em rituais realizados ao ar livre, acenda o fogo dentro do caldeirão e mantenha-o aceso durante todo o ritual.

Arrume o altar, acenda as velas e o incenso e monte o círculo de pedras. Recite "o canto da bênção", página 157. Invoque a Deusa e o Deus.[40] Fique em pé diante do caldeirão e olhe fixamente para o que há dentro dele. Diga o seguinte ou algo parecido:

Não me lamento, apesar de o mundo estar perdido no sono.
Não me lamento, apesar dos ventos gélidos.
Não me lamento, apesar da neve pesada e profunda.
Não me lamento; esta época também passará.

---

40. Usando, mais uma vez, qualquer uma das invocações encontradas em "Orações, cantos e invocações", página 179, ou suas próprias palavras.

Acenda o caldeirão (ou a vela), usando fósforos ou um círio. Quando as chamas aumentarem, diga:

Eu acendo este fogo em sua honra, Deusa Mãe.
Tu criastes a vida a partir da morte; o calor a partir do frio;
o sol renasce; o tempo da luz retorna.

Bem-vindo, Deus do sol que sempre retorna!
Salve, Mãe de todos!

Circule lentamente pelo altar e pelo caldeirão, no sentido horário, observando as chamas. Repita o canto seguinte por algum tempo:

A roda gira; o poder queima.

Medite sobre o sol, sobre as energias ocultas e adormecidas no inverno, não somente na terra, mas também em nós mesmos. Pense sobre o nascimento não como o início da vida, mas como sua continuidade. Saúde o retorno do Deus.

Após algum tempo, pare e fique em pé mais uma vez diante do altar e do caldeirão em chamas. Diga:

Grande Deus do sol,
Eu saúdo teu retorno.
Que tu brilhes com força sobre a Deusa;
que tu brilhes com força sobre a Terra,
espalhando as sementes e fertilizando o solo.
Todas as bênçãos para ti,
renascido do sol!

Após esses dizeres, podem-se seguir os trabalhos de magia. Celebre o Banquete Simples. O círculo está concluído.

Tradição do Yule

Uma das práticas tradicionais é a criação da árvore do Yule. Esta pode ser uma árvore viva e em vaso, que posteriormente pode ser plantada no chão, ou uma árvore cortada. A escolha é sua.

As decorações wiccanas apropriadas são divertidas de fazer, de colares feitos com botões de rosa secos e com palitos de canela (ou com pipoca e oxicocos), para fazer guirlandas, a saquinhos de temperos que são pendurados em galhos. Os cristais de quartzo podem ser envolvidos em um cordão brilhante e suspensos em galhos resistentes em forma de pingentes de gelo. Maçãs, laranjas e limões pendurados em galhos são surpreendentemente lindos, uma decoração natural e que era comum antigamente.

Muitas pessoas gostam do costume de acender o madeiro de Yule. Essa é uma representação gráfica do renascimento do Deus a partir do fogo sagrado da Deusa Mãe. Se decidir queimar um, escolha um apropriado (tradicionalmente de carvalho ou pinheiro). Esculpa ou desenhe com giz o sol (como um disco de raios) ou o Deus (um círculo cornífero ou um homem), com o punhal de cabo branco, e acenda a lareira ao anoitecer no Yule. À medida que o madeiro queima, visualize o sol brilhando nele e pense nos próximos dias, que virão mais quentes.

Em relação à comida, nozes, frutas como maçãs e peras, bolos de cominho embebidos em sidra e (para os não vegetarianos) o porco é o cardápio tradicional. *Wassail*, lã de cordeiro, chá de hibisco ou de gengibre são bebidas comumente ingeridas no Banquete Simples ou nas refeições do Yule.

Imbolc
(2 de fevereiro no hemisfério norte,
1º de agosto no hemisfério sul)

Um símbolo da estação, como uma representação de um floco de neve, uma flor branca ou talvez um floco de neve dentro de um recipiente de cristal, pode ser colocado sobre o altar. Uma vela laranja ungida com óleo de almíscar, canela, olíbano ou alecrim, não acesa, também deve ser colocada lá. A neve pode ser derretida e usada para a água durante a criação do círculo.

Arrume o altar, acenda as velas e o incensário e monte o círculo de pedras. Recite "o canto da bênção", página 157. Invoque a Deusa e o Deus. Diga as seguintes palavras:

Esta é a época do festival das tochas,
quando cada candeeiro queima e brilha
para dar as boas-vindas ao renascimento do Deus.
Eu celebro a Deusa, eu celebro o Deus;
toda a Terra celebra
embaixo de seu manto de sono.

Acenda o círio laranja ao lado da vela vermelha no altar (ou em qualquer lugar no ponto sul do círculo). Devagar, caminhe pelo círculo no sentido horário, carregando a vela na sua frente. Diga o seguinte ou algo parecido:

Toda a terra está envolvida pelo inverno.
O ar está gelado e
a geada toma conta da Terra.

Porém, Senhor do sol,
cornífero dos animais e dos locais selvagens,
tu renascestes, sem que ninguém visse,
da graça da Deusa Mãe,
senhora de toda a fertilidade.
Saudações, grande Deus!
Saudações e sejas bem-vindo!

Pare diante do altar, segurando a vela no alto. Observe sua chama. Visualize sua vida florescendo com criatividade, com a energia renovada e com força.

Se precisar se lembrar do passado ou olhar para o futuro, agora é a hora. Os trabalhos de magia, se necessários, podem ser realizados em seguida. Celebre o Banquete Simples. O círculo está concluído.

Tradição do Imbolc

Faz parte da tradição do Imbolc, ao pôr do sol ou logo após o ritual, acender todas as luzes da casa – mesmo que seja por alguns momentos. Ou acender velas em cada cômodo em honra ao renascimento do sol. Se não, acenda uma lâmpada de querosene com uma chaminé vermelha e coloque-a em um local de destaque na casa ou em uma janela.

Se estiver nevando lá fora, caminhe nela por alguns instantes, chamando novamente o calor do verão. Com sua mão projetora, desenhe uma imagem do sol na neve.

Os alimentos mais tradicionais neste dia incluem aqueles derivados do leite, já que o Imbolc marca o festival do parto. Pratos à base de nata ácida são bem-vindos. Alimentos bem condimentados e encorpados em honra ao sol também são bem-vindos. *Curries* e todos os pratos feitos à base de pimenta, cebola, alho-poró, chalota, alho ou cebolinha são adequados. Vinhos quentes e pratos que contenham uva-passa – todo tipo de alimento que simbolize o sol – também são tradicionais.

Ostara
(Aproximadamente em 21 de março no hemisfério norte,
21 de setembro no hemisfério sul)

As flores devem ser colocadas no altar, ao redor do círculo, e cobrir o chão. O caldeirão pode ser coberto com água mineral e flores, e os botões e as flores também podem ser usados como adornos nas roupas. Um pequeno vaso de planta deve ser colocado em cima do altar.

Arrume o altar, acenda as velas e o incenso e monte o círculo de pedras. Recite "o canto da bênção", página 157. Invoque a Deusa e o Deus usando as palavras que quiser. Fique em pé diante do altar e, observando as flores, diga:

*Ó grande Deusa,
tu te libertastes da prisão gelada do inverno.
Agora tudo é verde, quando a fragrância das flores surge na brisa.
Este é o começo.
A vida se renova através de sua magia, Deusa da terra.
O Deus surge e se levanta, jovem
e transbordando com a promessa do verão.*

Toque as plantas. Conecte-se com suas energias e, através delas, com toda a Natureza. Viaje por suas folhas e pelos seus troncos através de sua visualização – a partir do centro de sua consciência, passando por seu braço e por seus dedos e chegando à planta em si. Explore sua natureza interna; sinta o milagre da vida dentro dela. Depois de um tempo, ainda tocando a planta, diga:

> *Caminho pela terra em amizade, não em dominância.*
> *Deusa Mãe e Deus Pai,*
> *soprem em mim, através desta planta,*
> *o calor para todas as formas de vida.*
> *Ensinai-me a reverenciar a terra e todos os seus tesouros.*
> *Que eu nunca esqueça.*

Medite sobre as mudanças de estações. Sinta o despertar das energias ao seu redor na terra. Os trabalhos de magia, se necessários, podem ser realizados em seguida. Celebre o Banquete Simples. O círculo está concluído.

Tradição da Ostara

Um passatempo tradicional realizado no equinócio vernal: vá até um campo e colha flores silvestres aleatoriamente.[41] Ou compre de algum florista, pegando uma ou duas que lhe chamem a atenção. Em seguida, leve-as para casa e adivinhe seus significados mágicos através do uso dos livros, de sua própria intuição, de um pêndulo ou através de outros meios. As flores que escolheu revelam seus pensamentos e suas emoções mais profundos.

É importante, nesse momento de vida renovada, planejar uma caminhada (ou passeio) por jardins, parques, bosques, florestas e outros lugares com muito verde. Este não é um exercício simples, e você não pode ter outro compromisso. Você não estará somente apreciando a Natureza. Torne sua caminhada uma celebração, um ritual para a própria natureza.

Outras atividades tradicionais incluem a plantação de sementes, o trabalho em jardins mágicos e a prática de todas as formas de trabalhos herbáceos – mágicos, medicinais, cosméticos, culinários e artísticos.

---

41. Agradeça às flores por seus sacrifícios antes de colhê-las, usando uma fórmula de colheita que pode ser encontrada no "Grimório Herbáceo", em outra parte deste Livro das Sombras.

Os alimentos em sintonia com este dia (ligar suas refeições às estações do ano é uma boa forma de entrar em sintonia com a Natureza) incluem aqueles provenientes de sementes, como a semente de girassol, a semente de abóbora e a semente de gergelim, assim como os pinhões. Os brotos são igualmente apropriados para essa época, assim como vegetais folhosos e verdes. Os pratos feitos de flores, como a capuchinha recheada ou os minibolos de cravos, também encontram seu lugar aqui.[42]

Beltane
(30 de abril ou 1º de maio no hemisfério norte,
1º de novembro no hemisfério sul)

Se possível, celebre o Beltane em uma floresta ou perto de uma árvore viva. Se isso não for possível, traga uma pequena árvore para dentro do círculo, de preferência em um vaso; pode ser qualquer tipo de árvore.

Crie um pequeno símbolo ou amuleto em honra ao casamento da Deusa com o Deus para ser colocado na árvore. Faça vários, se quiser. Esses símbolos podem ser sachês de flores perfumadas, colares de contas, esculturas, guirlandas de flores – o que seu talento e sua imaginação permitirem.

Arrume o altar, acenda as velas e o incensário e monte o círculo de pedras. Recite "o canto da bênção", página 157. Invoque a Deusa e o Deus. Fique em pé diante do altar e diga, com a varinha erguida:

Ó Deusa Mãe,
rainha da noite e da terra;
ó Deus Pai, rei do dia e das florestas,
eu celebro sua união enquanto a natureza se regozija
em uma explosão vibrante de cor e vida.
Aceitem meu presente, Deusa Mãe
e Deus Pai, em honra de sua união.

---

42. Encontre um livro sobre receitas de flores ou simplesmente faça minibolos bem condimentados. Use uma cobertura rosa e coloque uma pétala fresca de cravo em cada um dos minibolos. A capuchinha recheada vem com uma mistura feita de queijo cremoso, nozes picadas, cebolinha e agrião. Ambos os pratos são uma delícia!

Coloque o(s) símbolo(s) na árvore.

Dessa união deve nascer a nova vida;
uma profusão de criaturas vivas deverá cobrir as terras,
e os ventos soprarão puros e doces.
Ó anciãos, eu celebro com vocês!

Os trabalhos de magia, se necessários, podem ser realizados em seguida. O círculo está concluído.

Tradição do Beltane

Tecer e trançar são artes tradicionais dessa época do ano, porque a união de duas substâncias para formar uma terceira faz parte do espírito do Beltane.

Os alimentos tradicionalmente vêm dos laticínios, e os pratos como o creme de calêndula (ver "Receitas", começando na página 187) e o sorvete de baunilha funcionam bem aqui. Os bolos de mingau também podem ser feitos.

Festa do Verão
(Aproximadamente em 21 de junho no hemisfério norte,
21 de dezembro no hemisfério sul)

Antes do ritual, faça um pequeno saco de pano cheio de ervas como lavanda, camomila, erva-de-são-joão, verbena ou qualquer erva tida como comum na Festa do Verão listada no "Grimório Herbáceo", na página 193. Verta mentalmente todos os seus conflitos, problemas, dores, preocupações e doenças, se houver, nesse saquinho, à medida que o estiver fazendo. Feche-o com uma fita vermelha. Coloque-o no altar para usá-lo durante o ritual. O caldeirão também deverá estar lá ou próximo. Mesmo se você usar velas para marcar os pontos cardeais, a vela vermelha em um candelabro também deverá estar no altar. Para os rituais feitos ao ar livre, acenda uma fogueira – não importa o tamanho – e jogue esse saquinho nela.

Arrume o altar, acenda as velas e o incensário e monte o círculo de pedras. Recite "o canto da bênção", página 157. Invoque a Deusa e o Deus. Fique em pé diante do altar e diga, com a varinha erguida:

> *Eu celebro o auge do verão com esses rituais místicos.*
> *Ó grande Deusa e Deus,*
> *a Natureza inteira vibra com suas energias*
> *e a terra é banhada com o calor e a vida.*
> *Agora é a hora de esquecer as preocupações e o mal passados,*
> *agora é a hora da purificação.*
> *Ó ardente sol, queime o que é inútil, o que causa dano,*
> *o que causa mal, com seu poder onipotente.*
> *Purifique-me! Purifique-me! Purifique-me!*

Deixe a varinha em cima do altar. Pegue o amuleto herbóreo e queime-o na vela vermelha em cima do altar (ou, se estiver ao ar livre, na fogueira do ritual). Quando ele estiver queimando, deixe-o cair no caldeirão (ou em qualquer outro recipiente à prova de calor) e diga:

> *Eu os expulso pelos poderes da Deusa e do Deus!*
> *Eu os expulso pelos poderes do sol, da lua e das estrelas!*
> *Eu os expulso pelos poderes da terra, do ar, do fogo e da água!*

Faça uma pausa, vendo todos os sofrimentos e dores queimando e se transformando em cinzas. Em seguida, diga:

> *Ó querida Deusa, ó querido Deus,*
> *nesta noite da mágica Festa do Verão,*
> *oro para que encham minha vida de alegria e felicidade.*
> *Ajudai-me para estar em sintonia com*
> *as energias que rondam esta noite encantada.*
> *Eu agradeço.*

Reflita sobre a purificação pela qual acabou de passar. Sinta os poderes da Natureza fluindo em você, limpando-o com a energia divina.

Os trabalhos de magia, se necessários, podem ser realizados em seguida. Celebre o Banquete Simples. O círculo está concluído.

Tradição da Festa do Verão

A Festa do Verão é praticamente a época clássica para a realização de todas as magias. As magias de cura, de amor e de proteção são especialmente favoráveis. Você pode secar as ervas no fogo do ritual se estiver realizando essa celebração ao ar livre. Pule o fogo para se purificar e renovar suas energias.

Durante a Festa do Verão, o alimento mais tradicional são as frutas frescas.

Lughnasadh
(1º de agosto no hemisfério norte,
1º de fevereiro no hemisfério sul)

Coloque em cima do altar alguns feixes de trigo, cevada ou aveia, frutas e pães, talvez um pão feito com a forma do sol ou com a forma de um homem para representar o Deus. As bonecas de milho representam a Deusa e podem ficar no altar também.

Arrume o altar, acenda as velas e o incensário e monte o círculo de pedras. Recite "o canto da bênção", página 157. Invoque a Deusa e o Deus. Fique em pé diante do altar, segure os feixes de grãos para o alto e diga as seguintes palavras ou algo parecido:

Agora é chegada a hora da primeira colheita,
quando a generosidade da natureza nos dá a si mesma
para podermos sobreviver.

Ó Deus dos campos maduros, senhor dos grãos,
conceda-me a compreensão do sacrifício quando se preparar
para a entrega de si mesmo sob a foice da Deusa
e para a jornada em direção às terras do verão eterno.
Ó Deusa da lua negra, ensine-me os segredos do renascimento quando o
sol perder sua força e as noites se tornarem frias.

Esfregue as pontas do trigo com seus dedos para que os grãos caiam no altar. Erga um pedaço de fruta e morda-o, sentindo seu sabor, e diga:

Eu participo da primeira colheita,
mesclando suas energias às minhas,

*de modo que possa continuar minha jornada em direção
à sabedoria brilhante da perfeição.
Ó senhora da lua e senhor do sol,
queridos diante de quem as estrelas detêm seus cursos,
eu ofereço meus agradecimentos pela continuação da fertilidade da terra.
Que os grãos pendentes soltem suas sementes
para poderem se aninhar no seio da Mãe,
assegurando o renascimento no calor
da primavera que já chega.*

Coma o restante da fruta. Os trabalhos de magia, se necessários, podem ser realizados em seguida. Celebre o Banquete Simples. O círculo está concluído.

Tradição do Lughnasadh

O melhor a ser feito é plantar as sementes da fruta consumida no ritual. Se elas brotarem, cultive a planta com amor e como símbolo de sua conexão com a Deusa e o Deus.

O trançado de trigo (a matéria-prima das bonecas de milho, etc.) é a melhor atividade para o Lughnasadh. As visitas aos campos, aos pomares, aos lagos e aos poços também são tradicionais.

Os alimentos ingeridos no Lughnasadh incluem pão, amoras e todas as frutas vermelhas, bolotas (retire seus venenos primeiro), maçãs silvestres, todos os grãos e tudo o que já estiver maduro na região. Às vezes faz-se um bolo e se acompanha com sidra no lugar do vinho.

Se você fizer um pão na forma do Deus, este pode ser usado para ser consumido no Banquete Simples.

Mabon

(Aproximadamente em 21 de setembro no hemisfério norte,
20 de março no hemisfério sul)

Decore o altar com bolotas, raminhos de carvalho, cones de pinheiro e cipreste, espigas de milho, hastes de trigo e outros frutos e nozes. Também coloque uma pequena cesta rústica com folhas secas de várias cores e tipos.

Arrume o altar, acenda as velas e o incensário e monte o círculo de pedras. Recite "o canto da bênção", página 157. Invoque a Deusa e o Deus. Fique em pé diante do altar, segurando a cesta de folhas para cima, e lentamente as espalhe para que elas caiam em cascata no chão dentro do círculo. Diga estas palavras:

*As folhas caem,
os dias esfriam.
A Deusa puxa seu manto da terra para cobrir-se
enquanto tu, ó grande Deus do sol, veleja em direção ao oeste,
às terras de encanto eterno,
escondido no frio da noite.
As frutas amadurecem, as sementes caem,
o dia e noite têm a mesma duração.
O vento gelado sopra dos lamentos do norte.
Nessa aparente extinção do poder da Natureza,
ó Deusa abençoada, eu sei que a vida continua.
Como a primavera é impossível sem uma segunda colheita,
a vida é impossível sem a morte.
Bênçãos sobre ti, ó Deus caído,
em sua jornada em direção às terras do inverno
e aos braços amorosos da Deusa.*

Coloque a cesta no chão e diga:

*Ó querida Deusa de toda a fertilidade,
Eu semeei e colhi os frutos de minhas ações, boas e ruins.
Concedei-me a coragem de plantar as sementes da felicidade e do amor
no ano que se aproxima, expulsando toda a miséria e o ódio.
Ensinai-me os segredos
de uma existência sábia neste planeta,
ó luminosa da noite!*

Os trabalhos de magia, se necessários, podem ser realizados em seguida. Celebre o Banquete Simples. O círculo está concluído.

Tradição do Mabon

Uma prática tradicional é caminhar por florestas e locais selvagens recolhendo sementes e folhas secas. Algumas delas podem ser usadas para decorar a casa; outras são guardadas para ser usadas como ervas mágicas no futuro.

Os alimentos tradicionais do Mabon são as sobras da segunda colheita; portanto, os grãos, as frutas e os vegetais predominam, especialmente o milho. O pão de milho faz parte do banquete tradicional, assim como os feijões e a abóbora assada.

Samhain
(31 de outubro no hemisfério norte,
30 de abril no hemisfério sul)

Coloque em cima do altar maçãs, romãs, abóboras, morangas e outros frutos do fim do outono. As flores do outono, como as calêndulas e os crisântemos, também podem ser colocadas no altar. Escreva em um pedaço de papel um aspecto de sua vida do qual queira se ver livre: raiva, um mau hábito, sentimentos ruins, doenças. O caldeirão ou algum instrumento parecido deve estar diante do altar, em um tripé ou em alguma superfície à prova de calor (se as pernas não forem suficientemente longas). Um pequeno prato plano marcado com o símbolo da roda de oito raios também deverá estar presente.[43]

Antes do ritual, sente-se calmamente e pense em seus amigos e pessoas queridas que já faleceram. Não se desespere. Tenha a certeza de que eles foram para realizar grandes coisas. Tenha sempre em mente que o corpo físico não representa a realidade absoluta e que a alma jamais morre.

Arrume o altar, acenda as velas e o incensário e monte o círculo de pedras. Recite "o canto da bênção", página 157. Invoque a Deusa e o Deus.

---

43. Isso é exatamente o que parece. Em um prato plano, pinte um grande círculo. Desenhe um ponto no centro desse círculo e pinte oito raios que irradiam a partir do ponto e vão até o círculo maior. Assim, você terá o símbolo da roda – um símbolo dos sabás, um símbolo da atemporalidade.

Erga uma das romãs e, com seu punhal de cabo branco devidamente lavado, fure a casca da fruta. Retire várias sementes e coloque-as no prato marcado com a roda. Erga sua varinha, fique de frente para o altar e diga:

*Nesta noite do Samhain,
eu marco tua passagem, ó rei sol,
através do pôr do sol, até a terra da juventude.
Marco também a passagem de todos os que se foram antes
e de todos os que irão depois.
Ó querida Deusa, Mãe eterna, tu que dais à luz aos que caíram,
ensinai-me a saber que na hora da grande escuridão
existe a grande luz.*

Experimente as sementes da romã; morda-as e sinta seu sabor forte e agridoce. Olhe para o símbolo de oito raios no prato; a roda do ano, o ciclo das estações, o final e o início de toda a criação. Acenda o fogo dentro do caldeirão (uma vela se quiser). Sente-se diante dele, segurando o pedaço de papel, e observe as chamas. Diga:

*Sábia da lua minguante,
Deusa da noite estrelada,
eu acendo esse fogo dentro de seu caldeirão
para transformar aquilo que me aflige.
Que as energias se transformem: da escuridão à luz!
Do mal ao bem! Da morte ao nascimento!*

Acenda o papel nas chamas do caldeirão e deixe-o cair dentro dele. Saiba que, enquanto ele queima, as doenças diminuirão sua gravidade até desaparecerem de seu corpo enquanto são consumidas pelo fogo universal.[44]

Se quiser, pode tentar usar a bola de cristal ou outro meio de adivinhação, já que esse é um momento perfeito para observar o passado e olhar para o futuro. Tente se reconectar com as vidas passadas também,

---

[44]. O caldeirão, visto como a Deusa.

se quiser. Porém, deixe os mortos em paz. Honre-os com suas lembranças, mas não chame por eles.[45]

Livre-se de toda dor e sensação de perda que possa estar sentindo nas chamas do caldeirão.

Os trabalhos de magia, se necessários, podem ser realizados em seguida. Celebre o Banquete Simples. O círculo está concluído.

Tradição do Samhain

É comum, na noite do Samhain, deixar o prato de comida do lado de fora para as almas dos mortos. Uma vela colocada na janela os guia às terras do verão eterno, e enterrar maçãs na terra batida "alimenta" os mortos durante essa jornada.

As beterrabas, os nabos, as maçãs, o milho, as nozes, os biscoitos de gengibre, a sidra, o vinho quente e os pratos feitos à base de abóbora são os mais tradicionais, assim como os pratos feitos com carne (mais uma vez, se você não for vegetariano; se for, o *tofu* parece ser a melhor opção).

---

45. Muitos wiccanos tentam se comunicar com seus ancestrais e amigos já falecidos nesse momento, mas me parece que, se aceitamos a doutrina da reencarnação, essa é uma prática bastante estranha. Talvez as *personalidades* que conhecemos no passado ainda existam, porém, se a *alma* já encarnou em outro corpo, a comunicação seria difícil, para dizer o mínimo. Assim, parece ser melhor lembrarmo-nos deles com paz e amor – mas não chamar por eles.

Ritual dos Gestos[46]

Fique em pé na área do ritual. Acalme seus pensamentos. Respire fundo por cerca de meio minuto, até estar composto e calmo. Pense em nossas divindades.

Olhe em direção ao norte. Erga ambas as mãos até a altura da cintura, com as palmas para baixo. Deixe seus dedos bem unidos, criando dois planos sólidos. Sinta a solidez, a base e a fertilidade. Invoque os poderes da *terra* por meio desse gesto.

Momentos depois, vire-se para o leste. Erga suas mãos uns 30 centímetros, suas palmas voltadas para fora do corpo (não mais paralelas com o chão), e cotovelos ligeiramente curvados. Abra seus dedos e permaneça nessa posição, sentindo o movimento e a comunicação. Invoque as forças do *ar* por meio desse gesto.

Olhe para o sul. Erga suas mãos acima da cabeça. Mantendo os cotovelos retos, feche os punhos. Sinta a força, o poder, a criação e a destruição. Invoque as forças do *fogo* por meio desse gesto.

Vire-se para o oeste. Abaixe as mãos uns 30 centímetros. Dobre os cotovelos, vire suas palmas para cima e aproxime-as, pressionando os polegares contra os indicadores. Sinta a fluidez, o mar, a liquidez. Invoque as forças da *água* por meio desse gesto.

---

46. Como mencionado no capítulo 5, os gestos podem ser ferramentas potentes para entrar na consciência do ritual. Após reler o capítulo, eu tive a ideia de compor um ritual inteiro só feito de gestos, sem usar ferramentas físicas, nem palavras, nem música e nem mesmo visualizações. Essa é somente uma sugestão quanto à forma, e existem diversas possibilidades de fazer desse ritual algo maior. Ele deverá ser usado para entrar em sintonia com o Uno, com a Deusa e com o Deus, e com as forças elementais, não para a prática da magia ou de observâncias nas estações.

Volte seu olhar novamente para o norte. Jogue sua cabeça para trás e erga ambas as mãos para o céu, palmas para cima, dedos separados. Beba a essência do Uno, do irreconhecível, da fonte inatingível de tudo. Sinta os mistérios do Universo.

Abaixe sua mão projetora; porém, mantenha sua mão receptora erguida. Pressionando o dedo médio, o anelar e o mindinho contra a palma, erga o dedo indicador e o polegar para criar uma forma de meia-lua. Sinta a realidade da Deusa. Sinta seu amor, sua fertilidade e sua compaixão. Sinta os poderes da lua nesse gesto; a força dos mares eternos – a presença da Deusa.

Abaixe sua mão receptora; erga sua mão projetora. Abaixe os dedos médio e anelar em direção à palma e prenda-os com o polegar. Erga o dedo indicador e o mindinho, criando uma imagem de chifres. Sinta a realidade do Deus. Sinta o poder do sol nesse gesto; as energias selvagens das florestas – a presença do Deus.

Abaixe sua mão projetora. Deite-se. Abra as pernas e os braços até formar um pentagrama. Sinta os poderes dos elementos fluindo em você; juntando-se e unindo-se ao seu ser. Sinta esses poderes como emanações vindas do Uno, da Deusa e do Deus.

Medite. Comungue. Comunique-se.

Quando terminar, simplesmente se levante. Seu ritual feito de gestos terá terminado.

A lei do Poder

O Poder não deverá ser usado para prejudicar, ferir ou controlar as pessoas. Porém, se houver a necessidade, o Poder deverá ser usado para proteger sua vida ou a vida dos outros.

O Poder é usado somente quando houver necessidade.

O Poder pode ser usado para seu próprio benefício, contanto que não prejudique ninguém.

Não é correto aceitar dinheiro para usar o Poder, já que rapidamente ele pode controlar as pessoas. Não se torne como aqueles de outras religiões.

Não use o Poder por orgulho, pois esse motivo empobrece os mistérios da Wicca e da magia.

Lembre-se sempre de que o Poder é um presente sagrado dado pela Deusa e pelo Deus e nunca deve ser mal usado e nunca se deve abusar dele.

E esta é a Lei do Poder.

Invocação dos elementos

Ar, fogo, água, terra, elementos do nascimento astral,
eu os convoco agora; venham a mim!
No círculo, corretamente feito,
a salvo da maldição ou da destruição psíquica,
eu os convoco agora; venham até mim!
Das cavernas e desertos, do mar e da montanha,
pela varinha, lâmina, taça e pentáculo,
eu os convoco agora; venham até mim!
Esta é minha vontade, que ela seja feita![47]

Orações, cantos e invocações da Deusa e do Deus e para eles

Essas orações podem ser usadas para invocar a Deusa e o Deus durante o ritual, logo após a criação do círculo. É claro, você pode usar a oração que compôs ou a que esteja inspirado a fazer também.

Alguns cantos também podem ser incluídos para aumentar a energia ou para comungar com as divindades.

---

47. Essa invocação pode ser feita enquanto se está ao redor do altar dançando ou caminhando para aumentar a energia elementar necessária nos trabalhos de magia.

Algumas dessas invocações rimam, e outras não. Acredito eu que isso simplesmente mostre minha habilidade de compor rimas. Porém, lembre-se do poder da rima – ela liga nossa mente consciente ao inconsciente ou a mente psíquica; portanto, aumenta a consciência do ritual.

Algumas delas estão relacionadas a divindades específicas; porém, tal como escreveu Dion Fortune: "Todos os deuses são um deus; e todas as deusas são uma deusa, e há somente um iniciador".[48]

Invocação à Deusa

Crescente dos céus estrelados,
florescida da planície fértil,
fluente dos suspiros do mar,
abençoada da chuva gentil;
ouça meu clamor no meio das pedras erguidas,
abre-me para tua luz mística;
desperta-me aos teus cantos prateados,
fica comigo neste ritual sagrado!

Invocação a Pã

Ó grande Deus Pã,
animal e homem,
pastor de cabras e senhor da terra,
chamo-te para meus rituais
nestas noites mágicas.
Deus do vinho,
Deus da videira,
Deus dos campos e Deus do gado,
vinde ao meu círculo com teu amor
e envia tuas bênçãos do céu.
Ajuda-me a curar;

---

48. *Aspects of Occultism* [Aspectos do Ocultismo]. London: Aquarian Press, 1962, p. 35.

ajuda-me a sentir;
ajuda-me a trazer o amor e a prosperidade.
Pã das florestas, Pã da clareira,
estejais comigo enquanto minha magia é feita!

Invocação de Ísis

Ísis da lua, tu que és tudo o que já foi,
tudo o que é, e tudo o que será:
vem, rainha encoberta da noite!
Vem enquanto o aroma do lótus sagrado enche meu círculo
de amor e magia.
Descei sobre meu círculo, eu peço,
ó bendita Ísis!

Oração ao Deus Cornífero

Senhor cornuto da selva,
senhor alado dos céus reluzentes,
senhor dos raios esplendorosos do sol,
caído do lamento do Samhain –
chamo-te por entre as pedras erguidas,
pedindo-te, ó ancião,
que abençoes meus rituais místicos –
ó ardente senhor do sol em chamas!

Canto da lua nova para Diana

Aumentando, aumentando, crescendo, crescendo –
o poder de Diana está fluindo, fluindo.
(repita)

Chamado ao Deus

*Antigo Deus das florestas profundas,
mestre dos animais e do sol;
aqui onde o mundo está em silêncio e dorme
agora que o dia terminou.
Eu chamo por ti aqui, como antigamente era feito,
em meu círculo,
pedindo-te que ouças meus clamores
e que envies tua força solar.*

Invocação à Deusa

*Querida Deusa,
tu que és a rainha dos deuses,
a luz da noite,
a criadora de tudo o que é selvagem e livre;
mãe da mulher e do homem;
amante do Deus cornífero e protetora de toda a Wicca:
descei, eu peço, com teu raio lunar sobre meu círculo aqui!*

Invocação ao Deus

*Deus em chamas,
tu que és o rei dos deuses, o senhor do sol,
o mestre de tudo o que é selvagem e livre;
pai da mulher e do homem,
amante da deusa da lua e protetor de toda a Wicca:
descei, eu peço, com teu raio solar sobre meu círculo aqui!*

Canto da Deusa

Luna, luna, luna, Diana
luna, luna, luna, Diana
abençoai-me, abençoai-me, abençoai-me, Diana,
luna, luna, luna, Diana (repita)

Canto da noite ao Deus

Saudações, bom sol,
regente do dia;
erga-se ao amanhecer
para iluminar meu dia.
(para ser dito enquanto se observa o pôr do sol)

Canto da noite à Deusa

Saudações, boa lua,
regente da noite;
protegei-me e protegei aos meus
até a luz.
(para ser dito enquanto se observa a lua à noite)

Canto da Deusa

Aaaaaaaaaaaaah
Ooooooooooooh
Uuuuuuuuuuuu
Eeeeeeeeeeeeee
Iiiiiiiiiiiiiiiiiiii[49]

---

49. Essas são, obviamente, as vogais do inglês. Pronuncie-as como A: "Ah", O: "Oh", U: "Oo", E: "E", I: "Eye". Prolongue as vogais. Quando as disser, prolongue os sons. Isso produz a consciência da Deusa e eleva a mente psíquica.

A tradição dos números

Para ser usada em rituais e trabalhos de magia. No geral, os números ímpares estão relacionados às mulheres, à energia receptora e à Deusa; os números pares, aos homens, à energia projetora e ao Deus.

1 – O Universo; o Uno; a fonte de tudo.

2 – A Deusa e o Deus; a dualidade perfeita; a energia projetora e receptora; o casal; a união pessoal com a divindade; a interpenetração do físico e do espiritual; o equilíbrio.

3 – A Deusa tripla; as fases da lua; os aspectos físico, mental e espiritual de nossa espécie.

4 – Os elementos; o espírito das pedras; os ventos; as estações.

5 – Os sentidos; o pentagrama; os elementos mais o *akasha*; um número da Deusa.

7 – Os planetas que os anciãos conheciam; a época da fase lunar; o poder; a proteção e a magia.

8 – O número dos sabás; um número do Deus.

9 – Um número da Deusa.

13 – O número de *esbats*; um número da sorte.

15 – Um número de boa sorte.

21 – O número de sabás e luas no ano wiccano; um número da Deusa.

28 – Um número da lua; um número da Deusa.

101 – O número da fertilidade.

Os planetas são numerados da seguinte maneira:

Saturno, 3   Vênus, 7
Júpiter, 4   Mercúrio, 8
Marte, 5   Lua, 9[50]
Sol, 6

---

50. Existem muitas variantes desse sistema. Essa é apenas a que eu uso.

Treze objetivos de um bruxo

I. Conhecer-se

II. Conhecer sua Arte (Wicca)

Ill. Aprender

IV. Aplicar seu conhecimento com sabedoria

V. Alcançar o equilíbrio

VI. Manter suas palavras em ordem

VII. Manter seus pensamentos em ordem

VIII. Celebrar a vida

IX. Estar em sintonia com os ciclos da Terra

X. Respirar e comer corretamente

XI. Exercitar o corpo

XII. Meditar

XIII. Honrar a Deusa e o Deus

Receitas

Receitas de comidas

Bolos em forma de meia-lua

1 xícara de amêndoas bem moídas
1¼ de xícara de farinha
½ xícara de açúcar de confeiteiro
2 gotas de extrato de amêndoas
½ xícara de manteiga amolecida
1 gema de ovo

Junte as amêndoas, a farinha, o açúcar e o extrato de amêndoas até misturar bem. Com as mãos, junte a manteiga e a gema de ovo até estarem bem misturadas. Deixe esfriar a massa. Pré-aqueça o forno a 160°C. Corte alguns pedaços da massa do tamanho de nozes e molde-os em forma de meia-lua. Coloque-os em folhas untadas e asse-os por cerca de 20 minutos. Sirva-os durante o Banquete Simples, principalmente nos *esbats*.[51]

Creme de calêndula do Beltane

2 xícaras de leite
1 xícara de pétalas de calêndula

---

51. Essa é a melhor receita que consegui encontrar. A maioria das outras já publicadas tinha um gosto ruim. Os puristas que se preocupam com a inclusão do açúcar nessa receita não precisam se preocupar. Ele está ritualmente relacionado a Vênus e tem um longo histórico dentro da magia.

¼ de colher de chá de sal
3 colheres de sopa de açúcar
um pedaço de baunilha de 2,5 a 5 cm
3 gemas de ovos levemente batidas
⅛ de colher de chá de pimenta-da-jamaica
⅛ de colher de chá de noz-moscada
½ colher de chá de água de rosas
chantilly

Usando um pilão limpo, especialmente usado para cozinhar, triture as pétalas de calêndula. Ou amasse-as com uma colher. Misture o sal, o açúcar e a pimenta. Escalde o leite com a calêndula e o pedaço de baunilha. Retire o pedaço de baunilha e adicione as gemas levemente batidas e os ingredientes secos. Cozinhe em fogo baixo. Quando a mistura cobrir uma colher, adicione a água de rosas e deixe esfriar.

Cubra com o chantilly e decore com pétalas de calêndula frescas.

Hidromel suave

1 litro de água, de preferência água mineral
1 xícara de mel
1 limão fatiado
½ colher de chá de noz-moscada

Ferva todos os ingredientes juntos em um recipiente não metálico. Enquanto isso, raspe a "espuma" que sobe com uma colher de madeira. Quando ela não subir mais, adicione o seguinte:

uma pitada de sal
suco de ½ limão

Coe e deixe esfriar. Beba no lugar de alguma bebida alcoólica ou do vinho durante o Banquete Simples.

Receitas de Incensos

Para fazer incensos, simplesmente triture os ingredientes e misture-os. Quando fizer isso, sinta as energias de cada um deles. Queime-os em blocos de carvão dentro do incensário durante o ritual.

Incenso do círculo

4 porções de olíbano
2 porções de mirra
2 porções de benjoim
1 porção de sândalo
½ porção de canela
½ porção de pétalas de rosa
¼ de porção de verbena
¼ de porção de alecrim
¼ de porção de louro

Queime o incenso no círculo para todos os tipos de rituais e feitiços. O olíbano, a mirra e o benjoim devem ser os ingredientes em maior quantidade.

Incenso do altar

3 porções de olíbano
2 porções de mirra
1 porção de canela

Queime tudo como se queima um incenso normal no altar para purificá-lo e promover a consciência ritualística durante os rituais.

Incenso do ritual da lua cheia

2 porções de sândalo
2 porções de olíbano
½ porção de pétalas de gardênia

¼ de porção de pétalas de rosa
algumas gotas de óleo de âmbar cinzento

Queime o incenso durante os *esbats* ou simplesmente durante a lua cheia para entrar em sintonia com a Deusa.

Incenso do sabá da primavera

3 porções de olíbano
2 porções de sândalo
1 porção de benjoim
1 porção de canela
algumas gotas de óleo de patchuli

Queime o incenso durante os rituais do sabá da primavera e do verão.

Incenso do sabá do outono

3 porções de olíbano
2 porções de mirra
1 porção de alecrim
1 porção de cedro
1 porção de zimbro

Queime o incenso durante os rituais do sabá do outono e do inverno.

Receitas de óleos

Para a fabricação de óleos, misture tudo em uma garrafa. Use-os somente em rituais.

Óleo para o sabá Nº 1

3 porções de patchuli
2 porções de almíscar
1 porção de cravo

Use-o somente nos sabás para promover a comunhão com as divindades.

Óleo para o sabá Nº 2

2 porções de olíbano
1 porção de mirra
1 porção de pimenta-da-jamaica
1 gota de cravo-da-índia

Use-o como na fórmula anterior.

Óleo da lua cheia Nº 1

3 porções de rosa
1 porção de jasmim
1 porção de sândalo

Unja o corpo antes dos *esbats* para entrar em sintonia com as energias da lua.

Óleo da lua cheia Nº 2

3 porções de sândalo
2 porções de limão
1 porção de rosa

Use-o como citado anteriormente.

Óleo da Deusa

3 porções de rosa
2 porções de nardo
1 porção de limão
1 porção de palma rosa
1 porção de âmbar cinzento

Use-o para honrar a Deusa durante os rituais.

Óleo do Deus Cornífero

2 porções de olíbano

2 porções de canela
1 porção de louro
1 porção de alecrim
1 porção de almíscar

Use-o para honrar o Deus cornífero durante os rituais.

Óleo do altar

4 porções de olíbano
3 porções de mirra
1 porção de galanga
1 porção de verbena
1 porção de lavanda

Unja o altar com este óleo em intervalos regulares para purificá-lo e deixá-lo mais forte.

Grimório Herbáceo

Guia para o uso de ervas e plantas em rituais wiccanos

Sobre a colheita de flores, ervas e plantas

Antes de cortá-las com o punhal de cabo branco, entre em sintonia com as plantas por meio da visualização. Sinta suas energias. Quando as estiver cortando, diga o seguinte ou algo parecido:

Ó pequena planta (nome, como hissopo, etc.),
peço-te que me dês teu dom que pode me ajudar em meu trabalho.
Crescei mais forte com meu carinho, mais forte e mais poderosa,
ó planta (nome)!

Se for uma árvore, substitua-a pela palavra apropriada (carvalho). Com cuidado, corte somente o que precisa, e nunca de plantas jovens ou mais de 25% delas. Na base da planta, deixe uma oferenda: uma moeda de prata, uma joia brilhante, um pouco de vinho ou leite, grãos, um cristal de quartzo, entre outros. Cubra a oferenda e vá embora.

Sobre o círculo

O círculo mágico pode ser feito com guirlandas de flores sagradas para a Deusa e para o Deus. Alternadamente, as flores podem ser espalhadas ao redor do perímetro do círculo.

As pedras angulares podem ser circundadas com flores e ervas frescas relacionadas aos elementos, como:

Norte: milho, cipreste, samambaia, madressilva, trigo, verbena

Leste: acácia, bergamota, trevo, dente-de-leão, lavanda, capim-limão, hortelã, visco, salsinha, pinho

Sul: manjericão, cravo, cedro, crisântemo, endro, gengibre, heliotrópio, azevinho, zimbro, calêndula, hortelã-pimenta

Oeste: flores de macieira, erva-cidreira, camélia, gatária, narciso, sabugueiro, gardênia, videira, urze, hibisco, jasmim, orquídea

Flores frescas podem ser colocadas no altar ou, se isso não for possível, plantas como a samambaia podem substituí-las.

Quando formar o círculo ao redor de uma árvore, você pode usar seus frutos, folhas, nozes ou flores para demarcá-lo, se quiser.

Tudo isso pode ser usado, além de cordas e pedras.

Sobre a fogueira

Se você quiser fazer uma fogueira para um ritual ao ar livre, esta pode ser feita usando todas as madeiras a seguir ou uma combinação delas:
Macieira

Álamo	Pinheiro
Algarobeira	Sorveira
Cedro	Zimbro
Corniso	
Carvalho	

Se não puder encontrar uma destas, use madeiras nativas da região. Os rituais realizados na praia podem ser iluminados com a ajuda de fogueiras feitas de troncos secos recolhidos anteriormente.

Sobre o círculo em casa

As plantas mágicas que crescem fora de casa, em vasos, podem ser colocadas ao redor do círculo ou em cima do altar durante os rituais. Se você estiver acostumado a trabalhar dentro de locais fechados, escolha um número ímpar de plantas sagradas e plante-as na área onde os rituais acontecem. Se elas precisarem de mais luz solar, simplesmente deixe-as do lado de fora e traga-as de volta durante os rituais. Dê-lhes energia e amor, e elas o ajudarão durante os rituais de veneração e de magia.

Apesar de poder usar qualquer planta, exceto as venenosas, estas em especial são recomendadas:

Alecrim
Azevinho
Cactos (todos os tipos)
Dracena vermelha
    (*Cordyline terminalis*)
Flor-de-cera (*Hoya carnosa*)
Gerânios rosa

Gerânios vermelhos
Hissopo
Palmeiras (todos os tipos)
Rosa

Samambaias (todos os tipos)
Violetas-africanas

Sobre o celebrante

Se quiser colocar flores frescas e ervas no cabelo e ao longo do corpo durante os rituais, faça-o. As coroas ou guirlandas de flores são sempre bem-vindas em rituais realizados na primavera e no verão. Nos rituais de inverno, costuma-se usar carvalho e pinheiro.

Talvez queira usar um colar feito de ervas e sementes, como contas de cumaru, noz-moscada, anises-estrelados, bolotas e outras sementes e nozes, presas com fibras naturais. Cordões feitos de pequenas pinhas também podem ser usados.

Para os rituais realizados em noites de lua cheia, use flores que floresçam à noite e que sejam perfumadas, para envolvê-lo com as energias lunares.

Sobre os instrumentos

As sugestões a seguir são para consagrar os instrumentos antes de seu primeiro uso ou consagração formal, se houver. Realize isso com o auxílio da visualização correta e de acordo com a intenção do ritual.

O punhal mágico ou a espada

Esfregue a lâmina com manjericão fresco, alecrim ou folhas de carvalho, ao nascer do sol, ao ar livre, onde não poderá ser perturbado ou visto. Deixe a espada ou o punhal no chão com sua ponta em direção ao sul. Caminhe ao seu redor em sentido horário três vezes, espalhando folhas de louro (de preferência frescas) por cima. Pegue a espada ou o punhal, fique de pé em direção ao leste e, segurando o instrumento para cima, mas com os braços abaixados, invoque o Deus para infundir o instrumento com sua força. Aponte-o para o céu, invocando a Deusa, para que ela cubra sua lâmina com amor e poder.

Envolva seu punhal ou espada em um pano vermelho e leve o instrumento para casa. Ele poderá ser guardado dentro desse pano, se preferir.

O punhal de cabo branco

Cedo de manhã, vá para uma floresta (ou para um parque, um jardim ou para seu quintal). Escolha as mais belas e vibrantes plantas. Toque-as gentilmente com a ponta do punhal de cabo branco, forjando uma ligação entre seu punhal e as plantas (e, assim, com a terra).

Em seguida, sente-se na terra. Certificando-se de estar sozinho, desenhe um pentagrama com a ponta do punhal de cabo branco no chão. Está feito.

A varinha

Se a varinha for feita de madeira, leve-a para fora no pôr do sol e esfregue-a com folhas frescas de lavanda, eucalipto ou hortelã. Levante-a em direção ao leste (ou em direção à lua, se ela estiver visível) e invoque a Deusa. Ao nascer do sol, leve-a para fora novamente, esfregue-a com as folhas frescas e perfumadas e invoque o Deus, levantando-a em direção ao leste.

O Pentáculo

Coloque o pentáculo diretamente na terra. Em cima dele, ponha um pouco de salsinha seca, patchuli, visco ou flores frescas de jasmim ou madressilva. Sente-se em frente a ele, olhando para o norte por alguns segundos, visualizando-o absorver as energias da terra. Em seguida, pegue-o e espalhe as ervas ou flores pelos quatro cantos, começando e terminando pelo norte.

Se esse ritual tiver de ser feito em local fechado, encha um prato pequeno com terra fresca e coloque o pentáculo em cima dele. Proceda como foi descrito anteriormente, guardando as ervas ou as flores para serem espalhadas lá fora mais tarde.

O incensário

Defume alecrim, olíbano ou copal no incensário antes de seu primeiro uso. Faça isso durante cerca de uma hora.

O caldeirão

Leve o caldeirão a um riacho, rio, lago ou para o mar. Recolha as folhas de algumas plantas que crescem perto dali (no mar, talvez algas marinhas). Mergulhe o caldeirão na água para enchê-lo. Coloque as folhas dentro do caldeirão; em seguida, coloque-o na beira do mar, onde ficará entre a água e a areia. Coloque suas mãos no caldeirão e dedique-o à Deusa, expressando-se da forma que achar melhor. Esvazie e seque o caldeirão e volte para casa. Ele já está carregado.

Se esse ritual for realizado em local fechado, coloque o caldeirão em uma grande bacia com água ou em uma banheira, em um quarto iluminado à luz de velas. Ponha um pouco de sal na água, que deverá estar fria. Proceda como foi descrito anteriormente.

A água salgada corrói o metal. Após a imersão no mar ou na água salgada, lave bem o caldeirão.

A taça

Unja a base com óleo de gardênia, rosa ou violeta e encha-a com água mineral pura. Em seguida, jogue um raminho de hera, uma pequena rosa, uma gardênia fresca ou outra flor ou erva apropriada para a ocasião. Olhe para a taça e invoque a Deusa para receber sua bênção. Você também pode preferir levá-la para fora, à noite, enchê-la de água e capturar o reflexo da lua dentro dela.

A vassoura

Ela pode ser feita com cabo de freixo, galhos de bétula e ramos de salgueiro. Escove a vassoura com camomila, salgueiro, erva-cidreira, sabugueiro ou com talos e ramos de malva; em seguida, enterre tudo isso com a devida solenidade exigida nesse momento. Você também pode talhar uma lua crescente em seu cabo.

O cristal

Em noite de lua cheia, esfregue a esfera com artemísia fresca (ou seca); em seguida, leve-a para fora. Mantenha-a elevada para que ela possa absorver a luz e as energias da lua. Olhe para a lua através do cristal, segurando-o diante de seus olhos. Repita esse ritual pelo menos três vezes ao ano para alcançar os melhores resultados.

O livro das sombras

Costure na capa do Livro das Sombras folhas de ervas sagradas como a verbena, a arruda, o louro, o salgueiro ou outras, se quiser. Elas devem estar bem secas e ser secretamente colocadas sob a luz da lua. As capas do Livro das Sombras devem, é claro, ser protegidas por um pano especial para isso.

O manto

Se quiser usar um, guarde-o com sachês de lavanda, verbena e cedro quando não o estiver usando. Costure um pouco de alecrim ou olíbano na bainha quando o estiver confeccionando, se quiser (e se as possíveis manchas que aparecerem forem limpas após a lavagem).

Sobre as ervas dos sabás

A serem usadas como decoração do altar, ao redor do círculo, em casa.

Samhain

Crisântemo, absinto, maçãs, peras, aveleira, cardo, romãs, todos os grãos, frutas e nozes colhidas, abóbora e milho.

Yule

Azevinho, visco, hera, cedro, louro, zimbro, alecrim, pinho. Coloque oferendas de maçãs, laranjas, nozes-moscadas, limões e paus de canelas na árvore do Yule.

Imbolc

Galanto, sorveira, as primeiras flores do ano.

Ostara

Narciso, aspérula, violeta, tojo, oliveira, peônia, íris; todas as flores da primavera.

Beltane

Espinheiro, madressilva, erva-de-são-joão, aspérula; todas as flores.

Festa do Verão

Artemísia, verbena, camomila, rosa, lírio, carvalho, lavanda, hera, milefólio, samambaia, sabugueiro, tomilho selvagem, margarida e cravo.

Lughnasadh

Todos os grãos, uvas, urze, amoras, abrunho, maçãs silvestres e peras.

Mabon

Aveleira, milho, choupo, bolotas, raminhos de carvalho, folhas de outono, hastes de trigo, cones de cipreste, cones de pinheiro e sobras da colheita.

Sobre as ervas e plantas usadas em rituais de lua cheia

Coloque no altar todas as flores brancas ou com cinco pétalas que sejam noturnas, tais como a rosa branca, o jasmim que floresce à noite, o cravo, a gardênia, o céreo, o lírio, o íris; todas as flores perfumadas que devem invocar a Deusa. A cânfora também é simbólica.

Sobre as oferendas

À Deusa

Todas as flores e sementes aquáticas e terrestres, tais como a camélia, o lírio, o lírio d'água, as hastes de salgueiro; as flores usadas em rituais de lua cheia; as flores brancas e roxas como o jacinto, a magnólia, a urze e o lilás; ervas e flores de aromas adocicados; flores dedicadas a Vênus ou à lua; a arruda, a verbena e a oliveira; ou outras que possam ser apropriadas para esses rituais.

Ao Deus

Todas as ervas e flores do fogo e do ar, tais como o manjericão, o crisântemo, a boca-de-dragão, o trevo, a lavanda, o pinho; ervas e flores com perfume acentuado ou cítrico; aquelas governadas por Marte ou pelo sol; flores amarelas ou vermelhas, tais como o girassol, os cones de pinho, as sementes, os cactos, os cardos, e as ervas picantes; a laranja, o heliotrópio, o cedro, o zimbro, entre outros.

Sobre as ervas sagradas das Deusas

Afrodite: oliveira, canela, margarida, cipreste, marmelo, lírio-florentino (íris), maçã, murta

Aradia: arruda, verbena

Ártemis: abeto-prateado, amaranto, cipreste, cedro, aveleira, murta, salgueiro, margarida, artemísia, tamareira

Astarte: amieiro, pinheiro, cipreste, murta, zimbro

Atena: oliveira, maçã

Bast: gatária, verbena

Belona: beladona

Brígida: amora

Cailleach: trigo

Cardea: espinheiro, fava, medronheiro

Ceres: salgueiro, trigo, louro, romã, papoula, alho-poró, narciso

Ceridwen: verbena, bolotas

Cibele: carvalho, mirra, pinheiro

Deméter: trigo, cevada, poejo, mirra, rosa, romã, fava, papoula, toda a safra cultivada

Diana: bétula, salgueiro, acácia, absinto, manjerona, aveleira, faia, abeto, maçã, artemísia, plátano, amora, arruda

Druantia: abeto

Freya: prímula, margarida, primavera, avenca, mirra, morango, visco

Hator: murta, sicômoro, uva, mandrágora, coentro, rosa

Hécate: salgueiro, meimendro, acônito, teixo, mandrágora, cíclame, hortelã, cipreste, tamareira, gergelim, dente-de-leão, alho, carvalho, cebola

Hekat: cipreste

Hera: maçã, salgueiro, lírio-florentino, romã, mirra

Hina: bambu

Hulda: linho, rosa, heléboro, sabugueiro

Irene: oliveira

Íris: absinto, íris

Ishtar: acácia, zimbro, todos os grãos

Ísis: figo, urze, trigo, absinto, cevada, mirra, rosa, palmeira, lótus, abacateiro, cebola, íris, verbena

Juno: lírio, açafrão, asfódelo, marmelo, romã, verbena, íris, alface, figo, hortelã

Minerva: oliveira, amora, cardo

Nefertum: lótus

Néftis: mirra, lírio

Nuit: sicômoro

Olwen: maçã

Perséfone: salsinha, narciso, salgueiro, romã

Reia: mirra, carvalho

Rowen: trevo, sorveira

Vênus: canela, margarida, sabugueiro, urze, anêmona, maçã, papoula, violeta, manjerona, avenca, samambaia, cravo, áster, verbena, murta, orquídea, cedro, lírio, visco, pinheiro, marmelo

Vesta: carvalho

Sobre as ervas sagradas dos Deuses

Adônis: mirra, milho, rosa, funcho, alface, urze branca

Ájax: delfínio

Anu: tamariz

Apolo: alho-poró, jacinto, heliotrópio, cornisolo, louro, olíbano, tamareira, cipreste

Ares: ranúnculo

Átis: pinheiro, amêndoa

Baco: uva, hera, figo, faia, tamariz

Baldur: erva-de-são-joão, margarida

Bran: amieiro, todos os grãos

Cernuno: heliotrópio, louro, girassol, carvalho, laranja

Cupido: cipreste, açúcar, violeta branca, rosa vermelha

Dagda: carvalho

Dianus Lucifero: figo

Dionísio: figo, maçã, hera, uva, pinheiro, milho, romã, cogumelos, funcho, todas as árvores selvagens e cultivadas

Dis: cipreste

Enki: cedro

Eros: rosa vermelha

Esculápio: louro, mostarda

Gwydion: freixo

Hélio: girassol, heliotrópio

Herne: carvalho

Hipnos: papoula

Hórus: marroio, lótus, abacateiro

Jove: pinheiro, cássia, sempre-viva, cravo, cipreste

Júpiter: aloé, agrimônia, sálvia, carvalho, verbasco, bolota, faia, cipreste, sempre-viva, tamareira, violeta, tojo, margarida olho-de-boi, verbena

Kanaloa: banana

Marte: freixo, aloé, corniso, ranúnculo, painço, verbena

Mercúrio: canela, amora, aveleira, salgueiro

Mitra: cipreste, violeta

Netuno: freixo, bodelha, todas as algas marinhas

Odin: visco, olmo

Osíris: acácia, uva, hera, tamariz, cedro, trevo, tamareira, todos os grãos

Pã: figo, pinheiro, junco, carvalho, samambaia, todas as flores do campo

Plutão: cipreste, hortelã, romã

Poseidon: pinheiro, freixo, figo, bodelha, todas as algas marinhas

Prometeu: funcho

Rá: acácia, olíbano, mirra, oliveira

Saturno: figo, amora

Silvano: pinheiro

Tamuz: trigo, romã, todos os grãos

Thor: cardo, sempre-viva, verbena, aveleira, freixo, bétula, sorveira, carvalho, romã, bardana, faia

Tot: amêndoa

Urano: freixo

Woden: freixo

Zeus: carvalho, oliveira, pinheiro, aloé, salsinha, sálvia, trigo, figo

Como wiccanos, nós tomaremos somente aquilo que precisarmos da Natureza, nunca deixando de entrar em sintonia com a planta antes de colhê-la, nem deixando de entregar um símbolo de gratidão e respeito.

Aqui termina este grimório herbáceo.

Magia Wiccana dos Cristais

Os cristais e as pedras são presentes da Deusa e do Deus. Eles são instrumentos sagrados e mágicos que podem ser usados para melhorar o ritual e a magia. Aqui encontramos algumas dessas formas de magia terrestre.

Preparando o círculo

O círculo mágico pode ser disposto com cristais e pedras, se assim o desejar, em vez de dispô-lo com ervas.

Começando e terminando ao norte, disponha sete, nove, 21 ou 40 cristais de quartzo de qualquer tamanho ao redor do círculo, dentro da corda ou no lugar dela. Se o ritual a ser realizado dentro do círculo for de natureza espiritual ou mágica, coloque os cristais de quartzo com as pontas para fora. Se ele for de natureza protetora, coloque-os com as pontas para dentro.

Se você usar velas para marcar os quatro pontos cardeais do círculo mágico em vez de usar pedras grandes, rodeie cada vela com algumas ou todas as seguintes pedras:

Norte: ágata musgo, esmeralda, azeviche, olivina, sal, turmalina negra

Leste: topázio imperial, citrino, mica, pedra-pomes

Sul: âmbar, obsidiana, rodocrosita, rubi, lava, granada

Oeste: água-marinha, calcedônia, jade, lápis-lazúli, pedra da lua, luvulite

Um altar de pedra

Para fazer esse altar, procure em leitos de rios secos e nos litorais por uma variedade de pedras lisas. Ou vá a lojas especializadas em pedras para comprar peças adequadas.

Monte seu próprio altar a partir de três pedras grandes. As duas menores de mesmo tamanho são usadas como base, enquanto a maior e a mais plana é colocada em cima delas para formar o altar em si. Em cima dela, coloque uma pedra à esquerda do altar para representar a Deusa. Ela pode ser uma pedra encontrada perto de um rio, uma pedra que tenha naturalmente um furo, uma esfera de cristal de quartzo ou qualquer pedra relacionada à Deusa que esteja na lista a seguir.

Ao lado direito do altar, coloque uma pedra para representar o Deus. Esta pode ser um pedaço de lava, uma ponta de um cristal de quartzo, uma pedra longa, fina e em formato de bastão ou uma pedra que simbolize o Deus como uma das apresentadas a seguir.

Entre essas duas pedras, coloque uma pedra menor junto com uma vela vermelha para representar a energia divina da Deusa e do Deus, assim como a do elemento fogo.

Antes disso, coloque uma pedra plana para receber as oferendas de vinho, mel, bolos, pedras semipreciosas, flores e frutas.

Uma pequena pedra côncava (se for possível encontrar) deve ser colocada à esquerda da pedra ofertada. Encha-a com água para representar esse elemento.

À esquerda da pedra ofertada, coloque uma pedra plana. Salpique um pouco de sal sobre ela para simbolizar o elemento terra.

Além disso, pode ser colocada outra pedra plana diante da pedra ofertada para funcionar como um incensário.

Use um cristal de quartzo longo, fino e bem acabado como uma varinha e uma pedra ou uma ponta de flecha de obsidiana como um punhal mágico.

Quaisquer outros objetos necessários podem ser simplesmente colocados em cima do altar. Ou tente encontrar outras pedras para essa finalidade.

Essa disposição pode ser usada em todos os tipos de rituais wiccanos.

Pedras das Deusas

Em geral, todas as pedras rosa, verdes e azuis; as pedras relacionadas à lua ou a Vênus; as pedras regidas pela água e pela terra, como o peridoto, a esmeralda, a turmalina rosa, o quartzo rosa, o quartzo azul, a água-marinha, o berilo, a kunzita e a turquesa.

As pedras relacionadas às divindades específicas são as seguintes.

A Grande Mãe: âmbar, coral, geodo, pedras furadas

Afrodite: sal

Ceres: esmeralda

Cibele: azeviche

Coatlicue: jade

Diana: ametista, pedra da lua, pérola

Freya: pérola

Hator: turquesa

Ísis: coral, esmeralda, lápis-lazúli, pedra da lua, pérola

Kuan Yin: jade

Lakshmi: pérola

Maat: jade

Mara: berilo, água-marinha

Nuit: lápis-lazúli

Pele: lava, obsidiana, peridoto, olivina, pedra-pomes

Selene: pedra da lua, selenita

Tiamat: berilo

Vênus: esmeralda, lápis-lazúli, pérola

Pedras dos Deuses

Geralmente, todas as pedras laranja e vermelhas; pedras relacionadas ao sol e a Marte; pedras regidas pelo fogo e pelo ar, como a cornalina, o rubi, a granada, a calcita laranja, o diamante, o olho de tigre, o topázio, a pedra do sol, o heliotrópio e a turmalina vermelha.

As pedras relacionadas às divindades específicas são as seguintes:

Apolo: safira

Baco: ametista

Cupido: opala

Dionísio: ametista

Esculápio: ágata

Marte: ônix, sardônica

Netuno: berilo

Odin: pedra furada

Poseidon: berilo, pérola,[52] água-marinha

Rá: olho de tigre

Tezcatlipoca: obsidiana

Moledros

Antigamente, em todo o mundo, as pessoas construíam montes ou pilhas de pedras. Estes, às vezes, marcavam a passagem dos viajantes ou a comemoração de algum evento histórico; porém, esses moledros geralmente tinham um significado ritualístico.

---

52. A pérola e o coral foram mencionados nessas listas como "pedras" porque antigamente se pensava que eram, de fato, pedras. Nosso conhecimento sobre elas como produtos originários de criaturas vivas nos deixa com questões éticas sobre usá-los ou não em rituais. Essa deve ser uma decisão pessoal. Salvo pelo coral recolhido na praia, eu decidi não usá-los.

Dentro da magia, os moledros são locais poderosos. Eles concentram as energias das pedras usadas para criá-los. Os moledros estão enraizados na terra, mas se erguem em direção ao céu, simbolicamente representando a interligação das esferas físicas e espirituais.

Durante os círculos feitos ao ar livre, um pequeno moledro, composto por no máximo nove ou 11 pedras, pode ser erguido em cada ponto do círculo de pedras. Isso pode ser feito antes da realização do círculo em si.

Da próxima vez em que estiver em um local solitário na Natureza, com uma enorme quantidade de pedras, abra um espaço e sente-se entre elas. Visualize uma necessidade mágica. Assim que começar a visualização, pegue a pedra mais próxima. Sinta a energia pulsando nela – o poder da terra, o poder da Natureza. Coloque-a no chão, em um local limpo. Pegue outra pedra, ainda visualizando sua necessidade, e coloque-a ao lado da primeira.

Ainda dentro da visualização, continue a pegar pedras, fazendo uma pequena pilha. Continue a pegar pedras até sentir sua vibração e pulsação diante de você. Coloque a última pedra em cima do moledro com um firme propósito ritual – afirme para si mesmo, para o moledro e para a terra que com esse ato mágico final você está manifestando sua necessidade.

Coloque suas mãos nos dois lados da pilha. Entregue sua energia por meio de sua visualização. Cuide dela. Alimente sua força e veja sua necessidade sendo alcançada.

Em seguida, deixe o moledro fazer seu trabalho.

Feitiço com quartzo e vela

Tenha uma vela da cor simbólica de sua necessidade mágica, de acordo com a seguinte lista (ou com aquilo que sua intuição lhe disser):

Amarelo: intelecto, atração, estudo, adivinhação

Azul-claro: cura, paciência, felicidade

Azul-escuro: mudança, psiquismo

Branco: proteção, purificação, paz

Laranja: estimulação, energia

Marrom: cura de animais

Rosa: amor, amizade

Roxo: poder, cura de doenças graves, espiritualização, meditação

Verde: dinheiro, fertilidade, crescimento, emprego

Vermelho: proteção, força, saúde, paixão, coragem

Com a ponta de um cristal de quartzo limpo e bem acabado, trace um símbolo de sua necessidade na vela. Este pode ser um coração para o amor, um cifrão para simbolizar o dinheiro ou um punho para a força. Você também pode usar uma runa adequada[53] ou escrever, com o cristal, o que precisa na vela.

Enquanto estiver traçando ou desenhando, visualize sua necessidade com clareza, como se seu pedido já tivesse sido atendido. Coloque a vela em uma espécie de castiçal. Deixe o cristal próximo a ela e acenda o pavio. Enquanto a chama brilha, novamente utilize a visualização com força. O cristal, a vela e o símbolo farão seu trabalho.

---

53. Veja a seção a seguir para obter informações sobre as runas.

Símbolos e Sinais

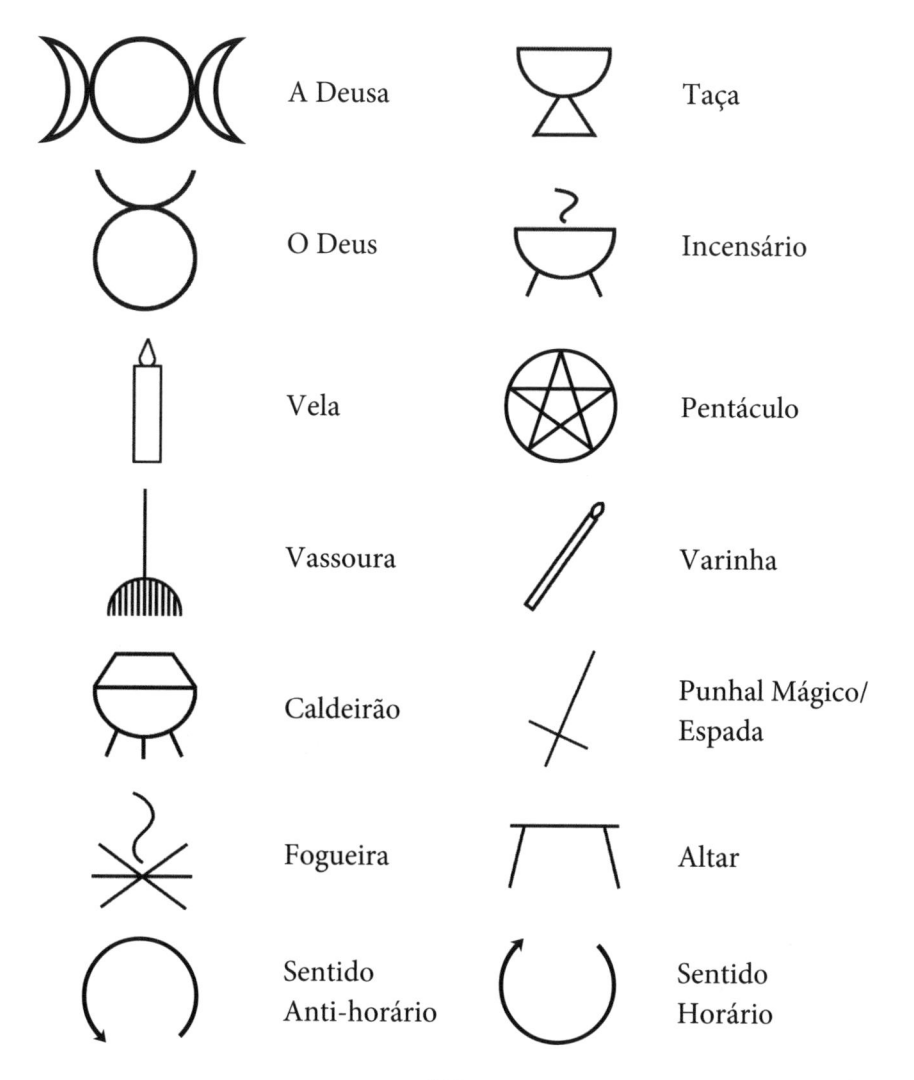

☽○☾	A Deusa	⌶	Taça
	O Deus		Incensário
	Vela	⛤	Pentáculo
	Vassoura		Varinha
	Caldeirão		Punhal Mágico/Espada
	Fogueira		Altar
	Sentido Anti-horário		Sentido Horário

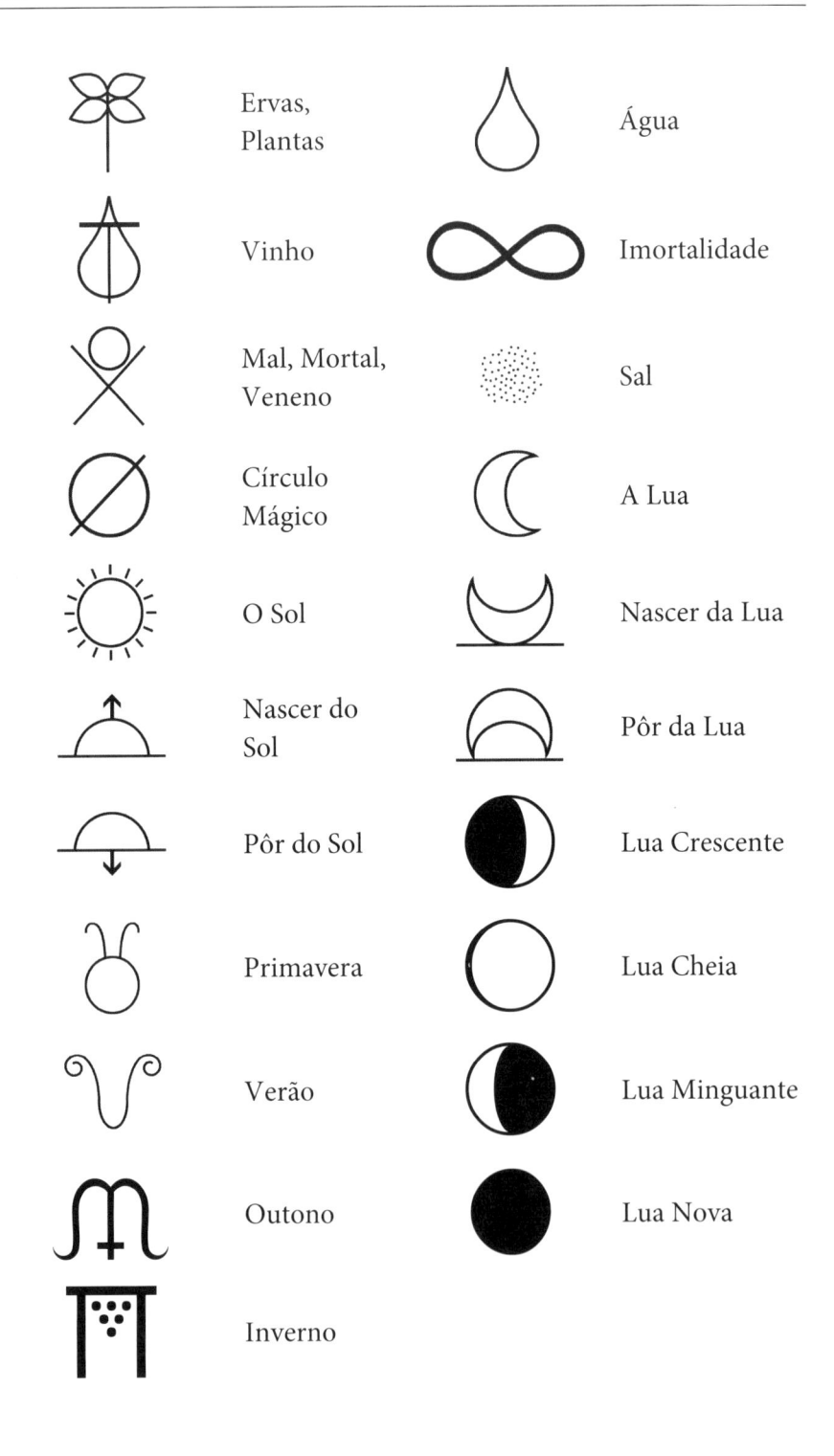

Símbolo	Significado	Símbolo	Significado
	Ervas, Plantas		Água
	Vinho		Imortalidade
	Mal, Mortal, Veneno		Sal
	Círculo Mágico		A Lua
	O Sol		Nascer da Lua
	Nascer do Sol		Pôr da Lua
	Pôr do Sol		Lua Crescente
	Primavera		Lua Cheia
	Verão		Lua Minguante
	Outono		Lua Nova
	Inverno		

Magia das Runas

As runas são símbolos que, quando desenhados, pintados, traçados, esculpidos ou visualizados, liberam energias específicas. Como tal, a magia das runas é surpreendentemente fácil de praticar e passa, atualmente, por um renascimento.

Antigamente, as runas eram rabiscadas em cascas de bétula, em ossos ou em madeira. Elas eram esculpidas em armas para assegurar disparos precisos, gravadas em taças e cálices para afastar o envenenamento e marcadas em bens e casas para a proteção.

Porém, essas figuras também estão cercadas de muita confusão. Alguns acreditam que elas têm poderes ocultos. O mesmo é dito do pentagrama e outros símbolos mágicos. A ideia aqui é que, ao simplesmente desenhar uma runa, o mago libera seus poderes sobrenaturais.

Este não é o caso. As runas são ferramentas que fazem parte da magia. *Sua força se encontra dentro de quem as usa.* Se meu vizinho rabisca uma runa de cura em um guardanapo e, mais tarde, usa esse guardanapo para limpar a testa, ele não receberá nenhuma energia de cura simplesmente porque ele próprio não colocou nenhuma energia na runa.

As runas devem ser usadas com força para serem magicamente eficazes. Esculpa, pinte ou faça um rabisco – juntamente com a visualização e com a energia pessoal.

As formas de usar as runas são limitadas somente por sua imaginação. Por exemplo, se uma amiga me pedisse para acelerar sua recuperação de uma doença, eu poderia desenhar uma runa de cura em um pedaço de papel e sentar-me diante dele.

Enquanto estivesse me concentrando na runa, eu visualizaria minha amiga completamente curada. Em seguida, após aumentar o poder pessoal, eu lhe enviaria a energia *na forma da runa*. Eu a veria penetrando em seu corpo, desbloqueando-o, aliviando-o e curando-o.

Ou eu poderia esculpir a runa em um pedaço de cedro, novamente visualizando-a em perfeita saúde, e lhe dar para que a carregasse consigo.

As runas também podem ser feitas em alimentos – com poder – e em seguida ingeridas para trazer a energia específica de volta ao seu corpo; marcadas na pessoa com óleo e visualização; esculpidas em uma vela que seja queimada para liberar suas energias; traçadas ou visualizadas em um lago ou em uma banheira antes de entrar na água.

Para desenhar as runas em papel, cores específicas relacionadas a cada uma das runas representadas aqui podem ser encontradas em suas descrições abaixo, e podem ser utilizadas, se quiser. As cores trabalham em harmonia com as runas. Aqui estão as runas:

As runas

Boa sorte

Esta runa serve para tudo, e geralmente é usada para fechar um ciclo. Ela também é desenhada em pacotes, inscrita em velas brancas para assegurar sorte em todas as situações ou gravada em joias.

Vitória

Usada em batalhas legais, assim como na magia em geral. Inscreva-a em velas vermelhas quando estiver em qualquer tipo de batalha. Desenhe-a com tinta escarlate e queime-a durante o ritual ou traga-a consigo.

Amor

Esta runa é usada não somente para receber e fortalecer o amor, mas também para enviar amor a um amigo. Desenhe-a com uma tinta rosa ou esmeralda ou visualize-a, grave-a, entre outras coisas. Ela também pode ser feita em panelas, com uma colher ou um garfo, para infundir a comida com as vibrações do amor.

Conforto

Para trazer alívio e diminuir a dor, e para enviar ou induzir a felicidade e o conforto a outras pessoas. Se você estiver deprimido ou ansioso, fique diante de um espelho, olhe diretamente para seus olhos e visualize esta runa envolvendo todo o seu corpo. Ou esculpa-a em uma vela rosa e queime-a.

Prosperidade

Se tiver um cartão comercial, desenhe-a nele. Visualize-a em seu bolso, carteira ou bolsa. Desenhe-a com um óleo que atrai dinheiro, como o óleo de patchuli ou de canela, em uma nota antes de gastá-la, para assegurar seu retorno.

Posse

Representa os objetos tangíveis. Use-a como símbolo para obter um objeto necessário. Por exemplo, se precisar de um móvel para sua casa, esta runa poderia ser magicamente manipulada para representar todos os objetos necessários.

Viagem

Quando quiser ou precisar viajar, desenhe esta runa em um papel com tinta amarela, visualizando-se viajando ao seu destino desejado. Dobre-o em uma pluma e jogue-o de um penhasco ou envie-o pelo correio ao seu destino desejado. Ou esculpa-a em uma vela amarela, coloque a vela em seu candelabro em cima de uma foto do local para onde quer ir e queime a vela.

Fertilidade

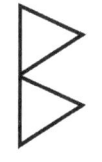

Se quiser se tornar fértil, desenhe esta runa com óleo ou visualize-a na região sexual. Pode também ser usada para induzir a fertilidade mental, e na maioria dos feitiços de crescimento.

Saúde física

Para melhorar ou fortalecer a saúde. Visualize-a enquanto se exercita, se alimenta e quando respira fundo.

Cura

Use-a para ajudar na cura dos doentes. Ela pode ser desenhada com tinta azul diretamente nas receitas médicas, visualizada nos remédios antes de tomá-los, traçada nas poções feitas à base de ervas. Esta runa também pode ser transformada em um talismã para ser usado.

Organização

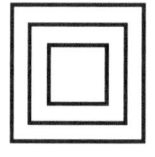

Para manter uma vida estruturada ou para manter os pensamentos em ordem. Use esta runa ou desenhe-a na testa.

Proteção

Este sinal complexo pode ser marcado em casa, em seu carro ou em quaisquer objetos que deseje proteger. Costurado ou bordado em roupas ou mantos, este sinal oferece proteção pessoal. Ele também pode ser usado como amuleto. Em momentos de perigo, quando não puder estar próximo a esses amuletos, visualize firmemente essa runa.

Proteção

Outra runa usada como a anterior.

Homem

Use esta runa em conjunto com outras runas para representar o sujeito do feitiço. Por exemplo, se eu acordar e não conseguir colocar meus pensamentos no lugar, posso desenhar esta runa com poder em um pedaço de papel com tinta amarela para me representar. Em seguida, desenho a runa da organização diretamente em cima da runa do homem, enquanto me visualizo alcançando esse estado.

Mulher

Outra runa usada como a anterior. Use-a em conjunto com outras runas para feitiços.

Amizade

As runas do homem e da mulher podem ser desenhadas juntas para uma série de objetivos; experimente.

Feitiços das runas

Feitiço da runa do dinheiro

Com óleo de cravo-da-índia ou de canela, trace a runa do dinheiro na nota de maior valor que tiver. Ponha-a em sua carteira ou bolsa e tente não gastá-la o máximo de tempo que puder. Sempre que olhar para a nota, visualize a runa para reforçar seu poder. Esse feitiço atrairá o dinheiro a você.

Feitiço da runa do amor

Em uma raiz de lírio-florentino ou em um pedaço de madeira de uma macieira, entalhe a runa do amor. Quando o fizer, visualize o tipo de pessoa que quer conhecer. Carregue a runa consigo durante três dias, colocando-a em sua cama à noite. No anoitecer do terceiro dia, jogue a raiz ou a madeira em um rio, riacho, lago, fonte ou no mar.

Pedido com runa

Em seu altar, pegue um pedaço de papel branco e limpo. Desenhe a runa certa para sua necessidade no centro do papel. Se quiser, adicione uma pitada de ervas que simbolizem seu desejo ou unja o papel com o óleo mágico correto. Dobre o papel e segure-o firme enquanto visualiza sua necessidade. Agora, leve-o ao fogo e jogue-o nas chamas. Ou acenda uma vela vermelha e segure a ponta do papel na chama; em seguida, jogue-o no caldeirão ou em outro local para queimá-lo. Se o papel não for totalmente consumido pelas chamas, reacenda-o e repita o feitiço outro dia.

Para destruir a negatividade ou uma situação desagradável

Desenhe uma runa que represente a negatividade (pensamentos desordenados, guerra, veneno – ver adiante) em um pedaço de papel com tinta preta. Olhe fixamente para ele, visualizando a influência, o hábito ou a situação desagradável. Em seguida, de uma só vez, cubra a runa por completo com um pote de tinta branca para destruí-la totalmente. Enquanto a tinta seca, visualize a runa da boa sorte, da organização ou do conforto no papel e tire da mente todos os pensamentos relacionados ao problema.

Jogando as runas

Como mencionado anteriormente, as runas podem ser usadas para ter uma visão de possíveis eventos futuros ou para descobrir algo, até então, desconhecido. Talvez a forma mais antiga de usá-las seria a de marcar cada uma das 12 runas em varetas ou em pequenos galhos de uma árvore (juntamente, é claro, com uma das fórmulas encontradas no "Grimório Herbáceo", página 193). As varetas de runas são seguradas na mão, a questão ou situação é claramente visualizada, e, em seguida, as varetas são jogadas ao chão.

Leia as runas que estiverem claramente visíveis. Ou, com os olhos fechados, pegue uma das varetas. Entenda sua interpretação de acordo com as informações anteriores e, em seguida, pegue mais duas varetas, lendo-as à medida que as tira da pilha no chão.

Você pode também ir ao leito de um rio, à praia ou a uma loja que venda pedras e pegar 12 pedras com os lados planos. Desenhe ou pinte as runas em somente um dos lados das pedras. Visualize a questão e jogue as pedras das runas no chão. Interprete as runas nas pedras que caírem viradas para cima, lendo-as em qualquer ordem da direita para a esquerda.

Por exemplo, a runa do dinheiro próxima à do "homem" poderia significar que a prosperidade, de alguma forma, chegará à sua vida ligada a um homem, ou que os problemas de dinheiro podem surgir da influência de um homem. A interpretação das pedras recai principalmente em seus poderes intuitivos e psíquicos, e na situação vivida.

As pedras de runas parecem ter algum tipo de limitação. A maioria das leituras sobre o futuro cobre um período de duas semanas. Lembre-se de que, tal como todos os trabalhos de adivinhação, as runas mostram somente as futuras *tendências*. Se a imagem descoberta for desagradável ou representar perigo, mude seu caminho para evitar esse tipo de resultado no futuro.

Quanto mais usar as pedras de runas, mais confortável se sentirá com elas. Quando não as estiver usando, guarde-as em uma cesta, em uma caixa ou em um saco de pano.

Aqui estão as 12 runas geralmente usadas nas adivinhações. Você também pode fazer suas próprias runas e usá-las.

A casa: relações familiares, estrutura e estabilidade. Autoimagem.

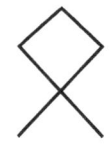

Posse: objetos tangíveis, mundo material.

Amor: estados emocionais, romance, dificuldades ou influências conjugais.

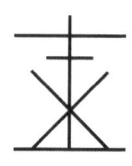

Veneno: fofoca, difamação, negatividade, hábitos ruins, atitudes prejudiciais.

Prosperidade: dinheiro, preocupações financeiras, emprego, empregadores.

Pensamentos desordenados: tensão emocional, irracionalidade, confusão, dúvida.

Mulher: influência feminina ou uma mulher.

Homem: influência masculina ou um homem.

Presente: legados, promoções, lucros inesperados; também presentes físicos, presentes psíquicos e espirituais, sacrifícios, presentes voluntários, doar-se.

Conforto: facilidades, prazer, segurança, felicidade, alegria, uma mudança para melhor.

Morte: o fim de uma questão, um recomeço, início, mudanças gerais, purificação.

Guerra: conflitos, brigas, discussões, hostilidade, agressão, raiva, confrontos.

Feitiços e Magia

Canto de proteção

Visualize um círculo triplo de luz arroxeada ao redor de seu corpo enquanto recita:

*Eu estou protegido pelo teu poder,
ó Deusa querida, dia e noite.*

Outro canto do mesmo tipo. Visualize um círculo triplo e recite:

*Três vezes ao redor do limite do círculo,
o mal enterrado no chão.*

Um feitiço com espelho para proteger a casa

Erga um altar. Coloque um incensário no centro, diante da imagem da Deusa. Coloque também um espelho arredondado de cerca de 30 centímetros. Rodeie o altar com nove velas brancas. Queime um incenso de proteção (como o de sândalo, olíbano, copal ou alecrim) no incensário.

Começando pela vela que estiver diante da imagem da Deusa, diga estas palavras ou algo similar:

A luz da lua me protege!

Repita essas palavras enquanto acende cada uma das velas, até que todas estejam brilhando. Agora, segurando o espelho, invoque a Deusa em seu aspecto lunar com estas palavras ou algo similar:

Grande Deusa da luz da lua e senhora dos mares;
grande Deusa da noite mística
e dos mistérios;
dentro deste lugar iluminado à luz de velas
e com teu espelho por perto;
protege-me com teu incrível poder
enquanto as vibrações negativas vão embora!

Em pé diante do altar, segure o espelho de frente para as velas, de modo que suas chamas sejam refletidas. Mantendo o espelho de frente para as velas, mexa-se lentamente, em sentido horário, ao redor do altar, observando a luz do fogo refletida nele e iluminando todo o ambiente.

Vá aumentando a velocidade de seus passos pouco a pouco, mentalmente invocando a Deusa para que o proteja. Vá cada vez mais rápido; observe a luz cortando o ar, limpando-o, queimando toda a negatividade, juntamente com as energias ruins que chegaram à sua casa.

Encha sua casa com a luz protetora da Deusa. Corra ao redor das velas até sentir que a atmosfera mudou, até sentir que sua casa foi limpa e que está protegida pela Grande Deusa.

Quando o ritual tiver acabado, fique em pé diante da imagem mais uma vez. Agradeça à Deusa usando as palavras que quiser. Apague as velas uma por uma, amarre-as com linha branca e guarde-as em um lugar seguro até (e se) precisar usá-las novamente pelo mesmo motivo.

Um feitiço para quebrar os poderes de outro feitiço

Se estiver desconfiado de que lhe foi lançado um feitiço, coloque uma grande vela preta em um caldeirão (ou em uma grande tigela preta). A vela deve ser suficientemente alta para ficar alguns poucos centímetros acima da borda do caldeirão. Coloque a vela no fundo do caldeirão com cera de abelha aquecida ou com algumas gotas de cera de outra vela preta para que ela não fique solta.

Encha o caldeirão com água fresca até a borda, sem molhar o pavio da vela. A vela deve ficar a cerca de dois a cinco centímetros acima da água. Respire fundo, medite, clareie sua mente e acenda a vela. Visualize o poder do feitiço suspeito entre as chamas da vela. Sente-se contemplando em silêncio a vela e visualize o poder que flui e cresce junto com a chama (sim, o poder contra você). Conforme a vela estiver queimando, sua chama eventualmente irá desaparecer quando em contato com a água. Assim que a chama se apagar com a água, o feitiço também irá desaparecer.

Quebre sua visualização do poder do feitiço; veja-o explodir e se transformar em pó, tornando-se impotente.

Despeje a água em um buraco feito no chão, em um lago ou em um riacho. Enterre a vela. Está feito.

Magia da corda

Pegue uma corda da cor certa e molde-a no altar ao redor da runa ou ao redor do desenho do objeto que precisa: um carro, uma casa, um cheque. Quando o fizer, visualize o objeto desejado; concentre o poder e envie-o para que isso se manifeste. E assim será.

Para proteger um objeto
(por Morgana)

Com o dedo indicador e o médio, trace um pentagrama por cima do objeto a ser protegido. Visualize uma chama elétrica azul ou roxa saindo de seus dedos para formar o pentagrama. Diga o seguinte enquanto o faz:

*Com este pentagrama,
depósito a proteção aqui de dia e de noite.
E aquele que não puder tocá-lo,
que tenha seus dedos queimados e torcidos.
Eu agora invoco a lei de três:
este é meu desejo; então, que assim seja!*

Glossário

Incluí este glossário para proporcionar um fácil acesso às definições de alguns termos mais desconhecidos usados neste livro.

A definição desses termos é, obviamente, pessoal, uma reflexão sobre meu envolvimento com a Wicca, e os wiccanos têm todo o direito de discordar de mim em alguns pontos menores. De fato, isso é esperado, devido à estrutura individualista de nossa religião. No entanto, tentei escrevê-lo da maneira mais imparcial e universal possível.

Os termos em itálico encontrados no corpo de cada discussão se referem a outras entradas relacionadas no glossário.

Adivinhação: a arte mágica da descoberta do desconhecido pela interpretação de padrões ou símbolos aleatórios, utilizando ferramentas como nuvens, cartas de tarô, chamas e fumaça. A adivinhação entra em contato com a *mente psíquica*, enganando ou iludindo a *mente consciente* por meio de *ritual* e observação ou por meio da manipulação das ferramentas. A adivinhação não é necessária àqueles que conseguem se comunicar facilmente com a mente psíquica, apesar de poderem praticá-la.

Akasha: o quinto elemento, o poder espiritual onipresente que permeia o Universo. É a energia da qual os elementos são formados.

Amuleto: um objeto magicamente *carregado* que desvia energias específicas, normalmente negativas. Em geral, é considerado um objeto protetor. (Compare-o com o *talismã*).

Anciãos: um termo wiccano geralmente usado para abranger todos os aspectos da Deusa e do Deus. Eu o utilizei dentro desse contexto no *Livro das Sombras das Pedras Erguidas*. Alguns wiccanos o veem como uma alternativa para *Todo-Poderosos*.

Arte: *Wicca. Bruxaria.* Magia popular.

Aspersor: um embrulho de ervas frescas ou um objeto perfurado usado para borrifar água durante o *ritual* ou antes dele, para a purificação.

Athame: um punhal wiccano usado em rituais. Geralmente tem dois gumes e um cabo negro. O *athame* é usado para direcionar o *poder pessoal* durante os rituais. É raramente (ou nunca) utilizado para cortes físicos, reais. O termo tem origem desconhecida, há muitas variações na escrita entre os wiccanos e ainda uma maior variação na pronúncia. Os wiccanos da Costa Leste americana podem pronunciá-lo como "atâmi"; eu aprendi a pronunciá-lo como "átame" e, mais tarde, como "atâme". Por diversas razões atualmente desconhecidas por mim, eu decidi substituir o termo "punhal mágico" por *athame* no *Livro das Sombras das Pedras Erguidas*. Ambos os termos, ou simplesmente "punhal", são corretos.

Banquete simples: uma refeição ritualística compartilhada com a Deusa e com o Deus.

Beltane: um festival wiccano celebrado em 30 de abril ou em 1º de maio (as tradições variam). O Beltane também é conhecido como Véspera de Maio, Roodmas, Noite de Valpúrgis e Cethsamhain. O Beltane celebra a união simbólica, o acasalamento ou o casamento da Deusa e do Deus, e está ligado à aproximação dos meses do verão.

Besom: vassoura.

Bolline: o punhal de cabo branco, usado em rituais de magia e em rituais wiccanos com uma finalidade prática, como para cortar ervas ou para abrir uma romã. Compare-o com o *athame*.

Boneca de milho: uma figura, geralmente uma forma humana, feita ao entrelaçar trigo seco ou outros grãos. Ela representava a fertilidade da terra e a Deusa em antigos rituais agriculturais realizados na Europa, e até hoje é usada na *Wicca*. As bonecas de milho não são feitas a partir de sabugos ou cascas; o milho originalmente se referia a qualquer tipo de grão, assim como ainda acontece na maioria dos países de língua inglesa, exceto nos Estados Unidos.

Bruxaria: a *arte* do *bruxo – magia*, principalmente a magia que usa o *poder pessoal* em conjunto com as energias encontradas nas pedras, ervas, cores e em outros objetos naturais. Apesar de ter implicações espirituais, a Bruxaria, usando essa definição, não é uma religião. No entanto, alguns seguidores da Wicca usam essa palavra para denotar sua religião.

Bruxo: antigamente, um praticante europeu dos remanescentes da magia popular pré-cristã, principalmente daquela relacionada às ervas, à cura, aos poços, aos rios e às pedras. Aquele que praticava a *Bruxaria*. Mais tarde, o significado desse termo foi deliberadamente alterado para denotar seres dementes, perigosos ou sobrenaturais que praticavam a magia destrutiva e que ameaçavam o Cristianismo. Essa mudança foi o fruto de um movimento político, financeiro e machista realizado pela religião organizada, não uma mudança nas práticas dos bruxos. Ainda hoje esse significado equivocado é aceito por muitos não bruxos. Além disso, surpreendentemente, é usado por alguns membros da *Wicca* para descreverem a si mesmos.

Carregar: infundir um objeto com *poder pessoal*. "Carregar" é um ato de *magia*.

Círculo de pedras: ver *círculo mágico*.

Círculo mágico: uma esfera construída com o *poder pessoal*, na qual os rituais wiccanos são geralmente executados. O termo se refere ao círculo que marca a penetração da esfera do chão, já que esta se estende tanto acima quanto embaixo dele. Cria-se por meio da *visualização* e da *magia*.

Consciência ritualística: estado alternado de consciência específico, necessário para o sucesso da prática da *magia*. O mago alcança esse estado utilizando a *visualização* e o *ritual*. Essa consciência denota um estado no qual a *mente consciente* e a *mente psíquica* entram em sintonia, no qual o mago sente as energias, lhes dá um propósito e as libera em direção ao objetivo mágico. É uma elevação dos sentidos, uma expansão da consciência do mundo aparentemente não físico, uma ligação com a Natureza e com as forças por trás de todos os conceitos de *divindade*.

Cristalomancia: ato de observar um objeto (esfera de cristal de quartzo, piscina d'água, reflexos, a chama de uma vela) ou fixar seus olhos nele para desligar a *mente consciente* e contatar a *mente psíquica*. Isso permite que a pessoa se conscientize dos possíveis eventos antes que eles aconteçam, assim como se conscientize de eventos passados ou distantes e simultâneos por meio desse ato, e não de outros mais normalmente aceitos. Uma forma de *adivinhação*.

Dias de poder: ver *sabá*.

Elementos: terra, ar, fogo e água. Essas quatro essências são os alicerces do Universo. Tudo o que existe (ou que tenha o potencial para existir) tem uma ou mais dessas energias. Os elementos vibram dentro de nós e também estão "espalhados" pelo mundo. Eles podem ser utilizados para causar uma mudança por meio da *magia*. Os quatro elementos são formados a partir da essência ou poder fundamental – o *akasha*.

Esbat: um ritual wiccano que acontece geralmente durante a lua cheia.

Espíritos das pedras: energias elementais naturalmente encontradas nas quatro direções do *círculo mágico*, personificadas dentro da *Tradição das Pedras Erguidas* como os "espíritos das pedras". Eles estão ligados aos *elementos*.

Evocação: chamamento dos espíritos ou outras entidades não físicas, seja para uma presença visível ou invisível. Compare-a com a *invocação*.

Feitiço: um *ritual* mágico, geralmente de natureza não religiosa e quase sempre acompanhado de palavras ditas.

Festa do Verão: o solstício do verão, geralmente celebrado em 21 de junho ou em uma data próxima, um dos festivais wiccanos e uma noite perfeita para a *magia*. A Festa do Verão marca o ponto anual em que o sol está simbolicamente no ápice de seus poderes, e, portanto, também o Deus. O dia mais longo do ano.

Fogueira: um fogo aceso para rituais mágicos, geralmente ao ar livre. As fogueiras são tradicionais no *Yule*, no *Beltane* e na *Festa do Verão*.

Grimório: caderno mágico que contém informações sobre rituais, fórmulas, propriedades mágicas dos elementos naturais e preparação dos instrumentos dos rituais. Muitos desses trabalhos incluem "catálogos dos espíritos". O mais famoso dos antigos grimórios provavelmente é *A Chave de Salomão*.[54] Os primeiros surgiram nos séculos XVI e XVII, apesar de talvez serem mais antigos e de terem traços de rituais romanos, gregos, babilônicos, egípcios e sumérios.

***Handfasting*:** casamento wiccano, pagão ou cigano.

Imbolc: um festival wiccano celebrado em 2 de fevereiro, também conhecido como Candelária, Lupercália, Festival de Pã, Festival das Tochas, Festival da Luz Crescente, Oimelc, Dia de Santa Brígida, e por muitos outros nomes. O Imbolc celebra o início da primavera e a recuperação da Deusa após ter dado à luz o sol (o Deus) no *Yule*.

Incensário: um recipiente à prova de calor no qual o incenso é queimado. Um queimador de incenso. Ele simboliza o elemento ar.

Iniciação: um processo pelo qual um indivíduo é apresentado ou aceito em um grupo, interesse, competência ou religião. As iniciações podem se dar em rituais, mas também podem acontecer de forma espontânea.

---

54. Ver Mathers, S. L. MacGregor na seção "Magia" da bibliografia.

Invocação: um apelo ou pedido a um poder maior (ou poderes), como a Deusa e o Deus. Uma oração. A invocação, na verdade, é uma forma de estabelecer os laços de consciência com aqueles aspectos da Deusa e do Deus presentes dentro de nós. Na essência, portanto, nós temos o poder de fazê-los aparecer ou de fazerem-se notar ao nos tornarmos conscientes deles.

Irmandade: um grupo de wiccanos, geralmente iniciático e liderado por um ou dois líderes.

***Kahuna*:** praticante do antigo sistema filosófico, científico e mágico havaiano.

***Labrys*:** um machado de duas lâminas que simbolizava a Deusa na antiga Creta, ainda usado por alguns wiccanos pelo mesmo motivo. O *labrys* pode ser colocado em cima do altar ou apoiado do lado esquerdo dele.

Livro das Sombras: um livro wiccano sobre rituais, feitiços e tradição mágica. Antigamente copiado à mão, na época da *iniciação*, o Livro das Sombras é agora fotocopiado ou datilografado em algumas *irmandades*. Não existe um "verdadeiro" Livro das Sombras; todos eles são importantes para os seus respectivos usuários.

Lughnasadh: festival wiccano celebrado em 1º de agosto, também conhecido como Véspera de Agosto, Lammas, Festa do Pão. O Lughnasadh marca a primeira colheita, quando os frutos da terra são cortados e guardados para os meses de inverno, e quando o Deus misteriosamente também se torna cada vez mais fraco, à medida que os dias se tornam mais curtos.

Mabon: em 21 de setembro ou próximo dessa data, no equinócio de outono, os wiccanos celebram a segunda colheita. A Natureza se prepara para o inverno. O Mabon é um vestígio dos festivais antigos de colheita que, de alguma forma ou de outra, eram quase universais entre a população da Terra.

Magia: o movimento das energias naturais (como o *poder pessoal*) para criar a mudança necessária. A energia existe dentro de todas as coisas – nós mesmos, plantas, pedras, cores, sons, movimentos. A magia é o processo de gerar e aumentar essa energia, dando-lhe objetivo, e realizando-o. A magia é uma prática natural, não sobrenatural, apesar de ser pouco compreendida.

Mal: aquilo que destrói a vida, que é venenoso, destrutivo, ruim e perigoso.

Mão projetora: a mão que normalmente é usada para atividades manuais como escrever, descascar maçãs e discar o telefone é simbolicamente considerada o ponto no qual o *poder pessoal* sai do corpo. Nos rituais, o poder pessoal é visualizado como fluindo da palma da mão ou dos dedos por diversos motivos mágicos. Essa é também a mão que segura o *athame* e a varinha. As pessoas ambidestras simplesmente podem escolher que mão usar para esse propósito. Compare-a com a *mão receptora*.

Mão receptora: a mão esquerda em pessoas destras, o contrário para pessoas canhotas. Essa é a mão pela qual a energia é recebida no corpo. Compare-a com a *mão projetora*.

Meditação: reflexão, contemplação, voltar-se para o eu interior ou para a *divindade* ou para a Natureza. Período de calmaria no qual o praticante pode fixar-se em pensamentos ou símbolos em particular ou permitir que eles surjam de repente.

Megálito: um enorme monumento ou estrutura de pedra. O Stonehenge talvez seja o exemplo mais conhecido de construção megalítica.

Menir: uma pedra erguida provavelmente por povos antigos com propósitos religiosos, espirituais ou mágicos.

Mente consciente: a metade analítica, material e racional de nossa consciência. A mente que trabalha quando fazemos as contas para pagar impostos, quando pensamos sobre algo ou quando lutamos com as ideias. Compare-a com a *mente psíquica*.

Mente psíquica: a mente subconsciente ou inconsciente, pela qual recebemos os impulsos psíquicos. A mente psíquica trabalha quando dormimos, sonhamos ou meditamos. É nossa ligação direta com a Deusa e com o Deus e com o vasto mundo não físico que nos cerca. Outros termos relacionados: *adivinhação* é um processo ritualístico que usa a *mente consciente* para entrar em contato com a mente psíquica. *Intuição* é um termo usado para descrever as informações psíquicas que inesperadamente chegam à mente consciente.

Neopagão: literalmente, novo pagão. Um membro, seguidor ou simpatizante de uma das religiões pagãs mais recentes que agora se espalham pelo mundo. Todos os wiccanos são *pagãos*; porém, nem todos os pagãos são wiccanos.

Ostara: acontece no equinócio da primavera, próximo ao dia 21 de março, e marca o início da verdade, a primavera astronômica, quando a neve e o gelo dão espaço para o verde. Como tal, é um festival do fogo e da fertilidade, celebrando a volta do sol, do Deus e da fertilidade da terra (da Deusa).

Pagão: palavra que vem do latim *paganus*, aquele que mora no campo. Hoje em dia esse termo se refere, no geral, aos seguidores da Wicca e de outras religiões mágicas, xamânicas e politeístas. Naturalmente, os cristãos têm sua própria definição para essa palavra. Ela pode ser substituída por *neopagão*.

Pêndulo: um objeto divinatório que consiste em uma corda presa a um objeto pesado, como um cristal de quartzo, uma raiz ou um anel. A ponta solta da corda fica na mão, o cotovelo apoiado em uma superfície plana, e faz-se uma pergunta. O movimento do balanço do objeto pesado determina a resposta. Uma rotação indica sim ou uma energia positiva. Um balanço para a frente e para trás significa o contrário. (Existem diversas formas de decifrar os movimentos do pêndulo; use aquela que for melhor para você.) Esse objeto entra em contato com a *mente psíquica*.

Pentáculo: objeto ritualístico (geralmente um pedaço redondo de madeira, metal, argila, etc.) sobre o qual é inscrita, pintada ou gravada uma estrela de cinco pontas (*pentagrama*). Ele representa o *elemento* terra. As palavras "pentagrama" e "pentáculo" não são substituíveis, apesar de compreensivamente causarem confusão.

Poder da terra: a energia que existe nas pedras, nas ervas, nas chamas, no vento e em outros elementos da natureza. É o *poder divino* manifestado e pode ser utilizado durante a *magia* para criar uma mudança necessária. Compare-o com o *poder pessoal*.

Poder divino: a energia pura e não manifestada que existe dentro da Deusa e do Deus. A força da vida, a principal fonte de todas as coisas. Compare-o com o *poder da terra* e com o *poder pessoal*.

Poder pessoal: a energia que sustenta nosso corpo. Ele vem da Deusa e do Deus (ou também do poder por trás deles). Nós o absorvemos primeiro de nossas mães biológicas dentro do útero e, mais tarde, da comida, da água, da lua e do sol e de outros recursos naturais. Liberamos o poder pessoal durante o estresse, exercícios, sexo, concepção e durante o parto. A magia é geralmente um movimento do poder pessoal que acontece por um objetivo específico.

Polaridade: o conceito de energias iguais e opostas. O *yin/yang* oriental é um exemplo perfeito. O *yin* é frio; o *yang* é quente. Outros exemplos de polaridade: Deusa/Deus, noite/dia, lua/sol, nascimento/morte, escuridão/luz, *mente psíquica/mente consciente*. Equilíbrio universal.

Psiquismo: o ato de estar consciente sobre a própria psique, no qual a *mente psíquica* e a *mente consciente* estão ligadas e trabalhando em harmonia. A *consciência ritualística* é uma forma de psiquismo.

Punhal de cabo branco: um punhal de corte normal, com uma lâmina afiada e um cabo branco. Ele é usado dentro da *Wicca* para cortar ervas e frutas, para fatiar o pão durante o *Banquete Simples* e para outras coisas – mas jamais para sacrifícios. Às vezes é chamado de *bolline*. Compare-o com o *athame*.

Punhal mágico: ver *athame*.

Reencarnação: a doutrina do renascimento. O processo de repetidas encarnações na forma humana que permite a evolução da alma assexuada e eterna.

Ritual: cerimônia. Uma forma específica de movimento, manipulação de objetos ou processos internos criados para produzir os efeitos desejados. Dentro da religião, o ritual é orientado para a união com o divino. Na *magia*, ele gera um estado específico de consciência que permite que o mago projete a energia em direção aos objetivos necessários. Um *feitiço* é um ritual mágico.

Runas: imagens feitas em varetas, algumas das quais são remanescentes dos antigos alfabetos teutônicos. Outras são pictogramas. Esses símbolos são, mais uma vez, amplamente usados na *magia* e na *adivinhação*.

Sabá: festival wiccano. Ver *Beltane, Imbolc, Lughnasadh, Mabon, Festa do Verão, Ostara, Samhain* e *Yule* para obter informações específicas.

Samhain: festival wiccano celebrado em 31 de outubro, também conhecido como Véspera de Novembro, Halloween, Festa das Almas, Festa dos Mortos e Festa das Maçãs. O Samhain marca a morte simbólica do Deus sol e sua passagem à "terra da juventude", onde aguarda o renascimento da Mãe Deusa no *Yule*. Essa palavra celta é pronunciada pelos wiccanos da seguinte forma: SOW-wen; SEW wen; SAHM-hain; SAHM-ain; SAV-een, entre outras. A primeira pronúncia parece ser a preferida entre a maioria dos wiccanos.

Sentido anti-horário: movimento geralmente usado no hemisfério norte em magias negativas ou para dispersar as energias ou condições negativas, como doenças. Os wiccanos do hemisfério sul podem usar movimentos no sentido anti-horário para propósitos exatamente contrários; para o bem, pelas mesmas razões ditas sobre o *sentido horário*. Em qualquer caso, os movimentos em sentido anti-horário e em sentido horário são *simbólicos*; somente os tradicionalistas mais estritos e de mente fechada acreditam que caminhar acidentalmente ao redor do altar no sentido contrário, por exemplo, trará energias negativas. Seu uso dentro da Wicca tem origem em rituais antigos da Europa praticados por pessoas que observavam e veneravam o sol e a lua em suas revoluções diárias. O movimento no sentido anti-horário, dentro dos contextos ritualísticos, ainda é rejeitado pela vasta maioria dos wiccanos, apesar de ser usado por outros de vez em quando, por exemplo, para desfazer o *círculo mágico* ao final de um ritual.

Sentido horário: a direção aparente em que o sol se movimenta no céu. Na magia e na religião do hemisfério norte, o movimento em sentido horário simboliza a vida, as energias positivas, o "bem". Ele é bastante usado em feitiços e rituais; por exemplo: "caminhe em sentido horário ao redor do círculo de pedras". Alguns grupos wiccanos que vivem abaixo do Equador, principalmente na Austrália, trocaram os movimentos em sentido horário pelos movimentos em sentido anti-horário em seus rituais, já que o sol "se move" aparentemente em sentido anti-horário a partir dessa perspectiva. Ver também *sentido anti-horário*.

Talismã: um objeto, como uma pedra ametista, ritualmente *carregado* de poder para atrair uma força ou energia específica a quem o carrega. Compare-o com o *amuleto*.

Todo-poderosos: seres, divindades ou presenças geralmente *invocados* durante cerimônias wiccanas para testemunharem ou protegerem os rituais. Os Todo-Poderosos são considerados seres espiritualmente desenvolvidos, que já foram humanos, ou ainda entidades espirituais criadas ou carregadas pela Deusa e pelo Deus para protegerem a Terra e cuidarem dos quatro pontos cardeais. Às vezes são associados aos elementos.

Tradição wiccana: um subgrupo wiccano organizado, estruturado e específico, geralmente iniciático, com práticas rituais muitas vezes únicas. Muitas tradições têm seu próprio *Livro das Sombras* e podem ou não reconhecer os membros de outras tradições como sendo wiccanos. A maioria das tradições é composta por um número de *irmandades*, assim como de praticantes solitários.

Trílito: arco de pedra construído a partir de duas placas verticais com outra pedra apoiada sobre estas. Os trílitos se encontram no Stonehenge, assim como na visualização do círculo no *Livro das Sombras das Pedras Erguidas*.

Visualização: o processo de formação de imagens mentais. A visualização mágica consiste na formação de imagens de objetivos desejados durante um *ritual*. A visualização também é usada para direcionar o *poder pessoal* e as energias naturais durante a *magia* por vários motivos, incluindo o *carregamento* e a formação do *círculo mágico*. Ela faz parte da *mente consciente*.

Wicca: uma religião *pagã* contemporânea com raízes espirituais no *Xamanismo* e nas primeiras expressões de reverência da Natureza. Entre seus principais temas encontramos: a reverência pela Deusa e pelo Deus; a reencarnação; a magia; a observação dos rituais realizados na lua cheia e nos fenômenos astronômicos e agriculturais; templos esferoides, criados pelo *poder pessoal*, nos quais os rituais acontecem.

Xamã: um homem ou uma mulher que obteve conhecimento sobre as dimensões mais sutis da Terra, geralmente por meio de períodos de estados alternados de consciência. Os diversos tipos de rituais permitem que o xamã ultrapasse o véu do mundo físico e experimente o mundo das energias. Esse conhecimento dá ao xamã o poder de mudar seu próprio mundo por meio da *magia*.

Xamanismo: a prática dos xamãs, geralmente de natureza ritualística ou mágica, por vezes religiosa.

Yule: festival wiccano celebrado em 21 de dezembro ou próximo a essa data, marcando o renascimento do Deus sol da Deusa Terra. Uma época de alegrias e celebrações que ocorre durante a miséria do inverno. O Yule acontece durante o solstício de inverno.

Bibliografia

Esta é uma ampla lista de livros relacionados, de alguma forma, à Wicca. A inclusão de um livro não indica necessariamente que eu esteja totalmente de acordo com seu conteúdo. Muitos desses livros foram escritos com base em diferentes perspectivas daquelas que você está acostumado a ler.

No entanto, tudo, se lido com inteligência e discriminação, aprofundará seu entendimento da Deusa e do Deus, e das formas miríades da Wicca, da magia e do Xamanismo.

Os livros marcados com um asterisco (*) são altamente recomendados.

Onde achei que fosse importante, adicionei pequenos comentários relacionados ao conteúdo do livro, *não* meus pontos de vista sobre ele.

Esta lista não está completa. Obras sobre o tema são publicadas todos os dias. Ainda assim, ela serve como um ponto de início para aqueles interessados na leitura.

Xamanismo

ANDREWS, Lynn V. *Medicine Woman*. San Francisco: Harper & Row, 1981.

BEND, Cynthia; WIGER, Tayja. *Birth of a Modern Shaman*. St. Paul: Llewellyn Publications, 1988.

CASTANEDA, Carlos. *The Teachings of Don Juan: A Yaqui Way of Knowledge*. New York: Ballantine, 1970.

FURST, Peter T. *Hallucinogens and Culture*. Corte Madera (California): Chandler & Sharp Publishers, 1976.

*HARNER, Michael. *The Way of the Shaman*. San Francisco: Harper & Row, 1981. O primeiro guia sobre esse tema, *The Way of the Shaman* apresenta técnicas simples de como adquirir estados de consciência alternados entrando em contato com seu animal de poder, com os rituais de cura e muito mais.

*HARNER, Michael J. (editor). *Hallucinogens and Shamanism*. New York: Oxford University Press, 1978.

*HOWELLS, William. *The Heathens: Primitive Man and His Religions*. Garden City (New York): Doubleday, 1956. Abrange toda a variedade da religião e da magia pré-cristã e pré-tecnológica, incluindo o totemismo, a adoração aos ancestrais, o xamanismo, a adivinhação, o maná e o tabu.

KILPATRICK, Jack Frederick; GRITTS, Anna. *Notebook of a Cherokee Shaman*. Washington D.C.: Smithsonian, 1970.

LAME DEER, John (Fire); ERDOES, Richard. *Lame Deer: Seeker of Visions*. New York: Pocket Books, 1978. Um retrato de um xamã contemporâneo, revelando a humanidade essencial do assunto. Muita tradição sioux.

LEWIS, I. M. *Ecstatic Religion: an Anthropological Study of Spirit Possession and Shamanism*. Baltimore: Penguin, 1976. Esta é uma investigação sociológica acadêmica sobre o xamanismo e os estados alternados de consciência.

ROGERS, Spencer L. *The Shaman's Healing Way*. Ramona (California): Acoma Books, 1976.

*SHARON, Douglas. *Wizard of the Four Winds: A Shaman's Story*. New York: The Free Press, 1978. Um retrato de Eduardo Calderón, um xamã peruano contemporâneo, detalhando muitos de seus ritos e rituais.

*TORREY, E. Fuller. *The Mind Game: Witchdoctors and Psychiatrists*. New York: Bantam, 1973.

*WELLMAN, Alice. *Spirit Magic*. New York: Berkeley, 1973. Esta brochura é um guia sobre o xamanismo praticado em várias partes do mundo. Um dos capítulos, "The Tools of Wizardry", é particularmente interessante.

Estudos sobre a Deusa

BRIFFAULT, Robert. *The Mothers*. (Resumido por Gordon Taylor.) New York: Atheneum, 1977.

DOWNING, Christine. *The Goddess: Mythological Images of the Feminine*. New York: Crossroad, 1984.

*GRAVES, Robert. *The White Goddess*. New York: Farrar, Straus and Giroux, 1973. Talvez o livro que tenha tido o maior impacto na Wicca moderna. Uma investigação poética sobre a Deusa.

*HARDING, Esther. *Women's Mysteries: Ancient and Modern*. New York: Pantheon, 1955.

JAMES, E. O. *The Cult of the Mother-Goddess*. New York: Barnes and Noble, 1959.

LELAND, Charles G. *Aradia, or the Gospel of the Witches*. New York: Buckland Museum, 1968. Este trabalho apresenta uma visão muito diferente da Deusa em relação à maioria dos outros. O material foi reunido pelo sr. Leland no fim do século XIX e teve um grande impacto na Wicca atual.

*NEWMANN, Erich. *The Great Mother: an Analysis of the Archetype*. Princeton: Princeton University Press, 1974. Uma visão junguiana da Deusa. Este livro termina com 185 páginas com fotografias de imagens da Deusa.

STONE, Merlin. *When God Was a Woman*. New York: Dial Press, 1976.

WALKER, Barbara. *The Women's Encyclopedia of Myths and Mysteries*. San Francisco: Harper & Row, 1983.

Folclore, mitologia, lenda e história

*BORD, Janet; BORD, Colin. *Earth Rites: Fertility Practices in Pre-Industrial Britain*. London: Granada, 1982. Uma descrição dos rituais pagãos da Grã-Bretanha.

BUSENBARK, Ernest. *Symbols, Sex and the Stars in Popular Beliefs*. New York: Truth Seeker, 1949.

CAMPBELL, Joseph. *Myths to Live By*. New York: Bantam Books, 1973.

*_____. *The Masks of God: Creative Mythology*. New York: Viking Press, 1971.

_____.*The Masks of God: Oriental Mythology*. New York: Viking Press, 1977.

_____. *The Masks of God: Primitive Mythology*. New York: Viking Press, 1977. Estes livros falam da mitologia mundial.

*CARPENTER, Edward. *Pagan and Christian Creeds: Their Origin and Meaning*. New York: Harcourt, Brace and Company, 1920. Um dos primeiros trabalhos feitos por um estudioso renegado, ele mostra as origens de muitos dos símbolos religiosos cristãos desde a época das primeiras religiões pagãs. Ao longo do livro, aborda a magia das comidas e da vegetação, as iniciações pagãs, as danças ritualísticas, o tabu ao redor do sexo, e muito mais.

*DEXTER, T. F. G. *Fire Worship in Britain*. London: Watts and Co., 1931. Um livreto de 43 páginas, impresso antes da Segunda Guerra Mundial, que detalha a sobrevivência dos antigos festivais pagãos na Grã-Bretanha antes que esse conflito acabasse com muitos deles para sempre.

*EHRENREICH, Barbara; ENGLISH, Deirdre. *Witches, Midwives and Nurses: a History of Women Healers.* Old Westbury (New York): 1973. Uma investigação importante sobre o papel das mulheres como curandeiras e bruxas em épocas remotas.

FRAZER, Sir James. *The Golden Bough.* New York: Macmillan, 1956. (Uma edição resumida do volume.)

HARLEY, Timothy. *Moon Lore.* Tokyo: Charles E. Tuttle Co., 1970.

KENYON, Theda. *Witches Still Live.* New York: Washburn, 1929. Uma antiga coleção de mitos, lendas e contos de bruxas e de magos populares.

*LEACH, Maria (editora); FRIED, Jerome (editor assistente). *Funk and Wagnall's Standard Dictionary of Folklore, Mythology and Legend.* New York: Funk and Wagnall's, 1972. Esta coletânea clássica em volume único praticamente resume todas as informações míticas. De grande interesse para os wiccanos.

WATTS, Alan. *The Two Hands of God: the Myths of Polarity.* New York: Coffier, 1978.

WENTZ, W. Y. Evans. *The Fairy-Faith in Celtic Countries.* London: Oxford University Press, 1911. Gerrards Cross (Buckinghamshire, England): 1981.

Wicca

BOWNESS, Charles. *The Witch's Gospel.* London: Robert Hale, 1979.

BUCKLAND, Raymond. *Witchcraft... The Religion.* Bay Shore (New York): The Buckland Museum of Witchcraft and Magick, 1966. Uma antiga explicação sobre a Wicca gardneriana.

BUCZYNSKI, Edmund M. *The Witchcraft Fact Book.* New York: Magickal Childe, s.d.

CROWTHER, Patricia. *Witch Blood! The Diary of a Witch High Priestess*. New York: House of Collectibles, 1974.

DEUTCH, Richard. *The Ecstatic Mother: Portrait of Maxine Sanders – Witch Queen*. London: Bachman and Turner, 1977. Uma das principais figuras da tradição wiccana alexandrina é explorada neste trabalho.

*GARDNER, Gerald. *The Meaning of Witchcraft*. London: 1959. London: Aquarian Press, 1971. Uma visão histórica da Wicca.

_____. *Witchcraft Today*. New York: Citadel, 1955. O primeiro livro escrito sobre a Wicca contemporânea detalha o que vem a ser a Wicca gardneriana.

*GLASS, Justine. *Witchcraft: the Sixth Sense and Us*. North Hollywood: Wilshire, 1965.

JOHNS, June. *King of the Witches: the World of Alex Sanders*. New York: Coward McCann, 1969. Outra investigação da Wicca alexandrina e uma biografia de seu fundador.

LADY SARA. *Questions and Answers on Wicca Craft*. Wolf Creek (Oregon): Stonehenge Farm, 1974.

LEEK, Sybil. *Diary of a Witch*. New York: Prentice-Hall, 1968.

*_____. *The Complete Art of Witchcraft*. New York: World Publishing, 1971. Este trabalho importante descreve uma tradição wiccana eclética.

"LUGH". *Old George Pickingill and the Roots of Modern Witchcraft*. London: Wiccan Publications, 1982. Taray, 1984. Este trabalho pretende descrever a base histórica do renascimento moderno da Wicca por Gerald Gardner.

MARTELLO, Leo L. *Witchcraft: the Old Religion*. Secaucus: University Books, 1974. Uma investigação sobre a Wicca siciliana.

ROBERTS, Susan. *Witches USA*. New York: Dell, 1971. Hollywood: Phoenix, 1974. Este livro, uma investigação sobre a Wicca feita pelos olhos de um não wiccano, criou muita controvérsia quando foi relançado. Ele se destaca por ter uma visão geral de parte do mundo wiccano nos anos 1970 e já não peca por erros tanto quanto outros livros inclusos nesta lista.

SANDERS, Alex. *The Alex Sanders Lectures*. New York: Magickal Childe, 1980. Outra visão sobre a Wicca alexandrina.

SANDERS, Maxine. *Maxine the Witch Queen*. London: Star Books, 1976. Outra visão – desta vez autobiográfica – sobre a fundação e as atividades dentro da Wicca alexandrina.

*VALIENTE, Doreen. *An ABC of Witchcraft Past and Present*. New York: St. Martin's, 1973. Uma resposta da Wicca gardneriana aos antigos livros de Bruxaria, este livro é uma visão enciclopédica sobre a Wicca, o folclore e as lendas britânicos.

*_____. *Where Witchcraft Lives*. London: Aquarian Press, 1962. Uma primeira visão sobre a Wicca britânica e o folclore de Sussex.

Instruções práticas

*ALAN, Jim; FOX, Selena. *Circle Magic Songs*. Madison (Wisconsin): Circle Publications, 1977.

BUDAPEST, Z. *The Feminist Book of Light and Shadows*. Venice (California): Luna Publications, 1976. Um primeiro livro bastante importante sobre a Wicca feminista.

_____. *The Holy Book of Women's Mysteries Part I*. Oakland: The Susan B. Anthony coven #1, 1979. Uma versão maior do livro acima. Um segundo volume também foi publicado.

*BUCKLAND, Raymond. *Buckland's Complete Book of Witchcraft*. St. Paul: Llewellyn Publications, 1985 e 2002. Um curso sobre a Wicca montado a partir de diversas tradições. Ele inclui uma seção sobre os praticantes solitários.

_____. *The Tree: The Complete Book of Saxon Witchcraft*. New York: Weiser, 1974.

CROWTHER, Patricia. *Lid Off the Cauldron: A Wicca Handbook*. London: Robert Hale, 1981. Outro guia.

*FARRAR, Janet; FARRAR, Stewart. *Eight Sabbats for Witches*. London: Robert Hale, 1981. Estes antigos wiccanos alexandrinos exploraram novos territórios, incorporando muitas tradições irlandesas e formas divinas. Este livro também apresenta uma visão única sobre as origens do chamado Livro das Sombras gardneriano.

*_____. *The Witches' Way: Principles, Rituals and Beliefs of Modern Witchcraft*. London: Robert Hale, 1984. Mais revelações relacionadas ao Livro das Sombras de Gardner e muito mais informações práticas.

*FITCH, Ed. *Magical Rites From the Crystal Well*. St. Paul: Llewellyn Publications, 1984. Uma coleção de rituais neopagãos para cada ocasião.

K., Amber. *How to Organize a Coven or Magical Study Group*. Madison (Wisconsin): Circle Publications, 1983. Guia para organizar uma irmandade ou um grupo de estudos de magia.

*SLATER, Herman (editor). *A Book of Pagan Rituals*. New York: Weiser, 1974. Outra coleção de rituais, dessa vez baseados no modo pagão.

*STARHAWK. *The Spiral Dance: a Rebirth of the Ancient Religion of the Great Goddess*. San Francisco: Harper and Row, 1979. Parece estranho que já faz quase dez anos desde que esse livro foi publicado pela primeira vez. Ele teve um impacto enorme nos grupos wiccanos e nos wiccanos em geral. Definitivamente dirigido à Deusa e à mulher, este livro inclui exercícios para aprimorar o desenvolvimento da magia e de muitos rituais.

VALIENTE, Doreen. *Witchcraft for Tomorrow*. London: Robert Hale, 1978. O trabalho de Valiente, o primeiro de muitos dos livros modernos wiccanos que explica a prática, contém um Livro das Sombras completo, que ela escreveu somente para a publicação, assim como diversos capítulos que falam sobre vários aspectos da Wicca.

*WEINSTEIN, Marion. *Earth Magic: A Dianic Book of Shadows*. New York: Earth Magic Productions, 1980. Este é um livro wiccano como nenhum outro. Ele contém informações completas e explícitas a respeito da formação de alinhamentos com os "cinco aspectos" das divindades, trabalhando com a família, com os instrumentos e muito mais. Uma versão estendida já foi publicada.

Livros de feitiços

BUCKLAND, Raymond. *Practical Candleburning Rituals*. St. Paul: Llewellyn Publications, 1971.

*CHAPPEL, Helen. *The Waxing Moon: A Gentle Guide to Magic*. New York: Links, 1974.

DIXON, Jo; DIXON, James. *The Color Book: Rituals, Charms and Enchantments*. Denver: Castle Rising, 1978.

GRAMMARY, Ann. *The Witch's Workbook*. New York: Pocket, 1973.

HUSON, Paul. *Mastering Witchcraft*. New York: Berkeley, 1971. Um antigo livro responsável, em parte, pelo enorme interesse no ocultismo durante o início dos anos 1970. Pouco do que se encontra nele remete à Wicca ou ao tipo de magia que os wiccanos praticam.

LORDE, Simon; LORDE, Clair. *The Wiccan Guide to Witches Ways*. New South Wales (Australia): K J. Forrest, 1980.

MALBROUGH, Ray T. *Charms, Spells and Formulas for the Making and Use of Gris-Gris, Herb Candles, Doll Magick, Incenses, Oils and Powders to Gain Love, Protection, Prosperity, Luck and Prophetic Dreams*. St. Paul: Llewellyn, 1986. Uma coleção de magia cajun vinda da Luisiana.

PAULSEN, Kathryn. *Witches Potions and Spells*. Mount Vernon: Peter Pauper Press, 1971.

*WORTH, Valerie. *The Crone's Book of Words*. St. Paul: Llewellyn Publications, 1971, 1986.

Magia

AGRIPPA, Henry Cornelius. *The Philosophy of Natural Magic*. Antwerp, 1531. Secaucus: University Books, 1974. Este é o primeiro dos três livros mencionados no próximo item.

*_____. *Three Books of Occult Philosophy*. London: 1651. London: Chthonios Books, 1986. Este livro contém a maior parte das informações sobre a magia conhecidas no século XVI. Pedras, estrelas, ervas, incensos, selos e todas as formas de encantamentos são encontrados neste livro. Recentemente republicado por completo pela primeira vez em 300 anos.

*BANEFT, Francis. *The Magus, or Celestial Intelligencer, Being a Complete System of Occult Philosophy*. 1801. New Hyde Park (New York): University Books, 1967. Magia cerimonial (contrária à natural).

*BURLAND, C. A. *The Magical Arts: A Short History*. New York: Horizon Press, 1966. A história da magia popular.

DEVINE, M. V. *Brujería: A Study of Mexican-American Folk-Magic*. St. Paul: Llewellyn Publications, 1982.

FORTUNE, Dion. *Psychic Self-Defence*. London: Aquarian, 1967.

*HOWARD, Michael. *The Magic of Runes*. New York: Weiser, 1980.

_____. *The Runes and Other Magical Alphabets*. New York: Weiser, 1978.

KOCH, Rudolph. *The Book of Signs*. New York: Dover, 1955. Um livro que fala dos sinais, dos símbolos e das runas.

LELAND, Charles Godfrey. *Etruscan Magic and Occult Remedies*. New Hyde Park (New York): University Books, 1963.

_____. *Gypsy Sorcery and Fortune-Telling*. New York: Dover, 1971.

MATHERS, S. L MacGregor (editor e tradutor). *The Key of Solomon the King*. New York: Weiser, 1972.

*MICKAHARIC, Draja. *Spiritual Cleansing: A Handbook of Psychic Protection*. York Beach (Maine): Weiser, 1982. Algumas das magias apresentadas neste trabalho são xamânicas em tom e origem.

*PEPPER, Elizabeth; WILCOX, John. *Witches All*. New York: Grosset and Dunlap, 1977. Uma coleção de magia popular coletada do popular Almanaque das Bruxas (agora extinto).

PLINY THE ELDER. *Natural History*. Cambridge: Harvard University Press, 1956.

SHAH, Sayed Idries. *Occultism: Its Theory and Practice*. Castle Books. s.d.

_____. *Oriental Magic*. New York: Philosophical Library, 1957.

_____. *The Secret Lore of Magic*. New York: Citadel, 1970. Extraído de diversos livros renascentistas que falam da magia cerimonial.

VALIENTE, Doreen. *Natural Magic*. New York: St. Martin's Press, 1975.

*WEINSTEIN, Marion. *Positive Magic: Occult Self-Help*. New York: Pocket Books, 1978. Uma introdução à magia. Uma edição maior deste livro popular também foi publicada.

Periódicos consultados

Alguns destes jornais e revistas ainda são publicados; outros não:

A Pagan Renaissance
Circle Network News
The Crystal Well

Earth Religions News
Georgian Newsletter
Gnostica
The Green Egg
Nemeton
The New Broom
New Dimensions
Pentagram
Revival
Seax-Wicca Voys
The Unicorn
The Waxing Moon
The Witch's Almanac

Índice Remissivo

A

A Chave de Salomão 41, 51, 71, 158, 233
A Deusa 21, 23, 25, 26, 27, 28, 29, 30, 31, 32, 33, 34, 35, 36, 37, 38, 39, 42, 43, 46,
    47, 49, 50, 51, 53, 54, 56, 62, 63, 64, 66, 67, 69, 71, 72, 73, 76, 77, 79, 81, 83,
    84, 85, 90, 91, 94, 98, 102, 103, 104, 109, 118, 121, 125, 129, 130, 132, 133,
    135, 145, 146, 147, 148, 149, 156, 157, 159, 160, 161, 162, 163, 164, 165,
    167, 168, 170, 171, 172, 173, 174, 177, 179, 185, 190, 191, 193, 196, 197,
    200, 208, 226, 230, 231, 234, 236, 243
Altar 32, 33, 34, 39, 41, 46, 49, 52, 53, 54, 60, 64, 81, 83, 84, 85, 97, 127, 128, 130,
    133, 136, 137, 138, 139, 151, 152, 153, 156, 159, 161, 162, 163, 164, 165,
    167, 168, 169, 170, 171, 172, 173, 174, 179, 189, 192, 194, 199, 200, 208,
    220, 225, 226, 227, 234, 239
Amuletos 54, 66, 74, 76, 219
Anciãos 26, 77, 132, 152, 153, 154, 158, 230
Ar (elemento) 23, 40, 46, 48, 49, 62, 66, 67, 71, 79, 80, 81, 82, 83, 84, 85, 108, 109,
    113, 117, 125, 126, 127, 128, 129, 131, 149, 153, 158, 161, 164, 168, 169,
    170, 177, 194, 196, 200, 210, 211, 226, 232, 233

B

Banho 71, 74, 120, 124
Banho, ritual 71, 74, 120, 124
Bebidas 163
Bebidas, ritual 163
Beltane 87, 91, 167, 168, 187, 199, 230, 233, 238
Bolos em forma de meia-lua 160
Bolos e Vinho 136
Buckland's Complete Book of Witchcraft 90, 247

C

Caldeirão 28, 41, 45, 48, 50, 51, 54, 67, 80, 84, 85, 91, 97, 159, 160, 161, 162, 165, 168, 169, 173, 174, 175, 197, 220, 226, 227
Carma 96
Ceridwen 26, 50, 201
Chamado do Deus 148, 149
Chifres 29, 30, 66, 149, 178
Chocalho 62
Címbalo 62

D

Destino 23, 96, 135, 150, 218
Dia da Marmota 88
Dia de Santa Brígida 90, 233
Dia de Todos os Santos 93
Diafragma 108
Diana 26, 27, 31, 181, 183, 201, 209

E

Ecologia 26
Elementos 42, 65, 66, 67, 82, 83, 102, 107, 121, 129, 178, 179, 184, 193, 229, 232, 233, 237, 239
Energia 23, 26, 27, 31, 32, 37, 38, 40, 45, 46, 48, 51, 53, 56, 61, 62, 63, 64, 67, 73, 82, 83, 88, 94, 111, 113, 114, 115, 119, 122, 128, 129, 130, 133, 134, 135, 136, 137, 138, 144, 146, 147, 150, 152, 153, 154, 156, 158, 159, 164, 169, 179, 184, 195, 208, 211, 212, 215, 216, 229, 235, 236, 237, 238, 239

F

Fertilidade 28, 30, 46, 50, 54, 62, 79, 82, 83, 90, 91, 92, 93, 164, 171, 172, 177, 178, 184, 212, 218, 231, 236
Festa do mastro 91
Festa do Verão 91, 92, 168, 169, 170, 199, 233, 238

G

Gardner, Gerald 61, 71, 246, 248
Gestos 41, 42, 59, 60, 65, 66, 67, 132, 137, 177, 178
Gongo 62
Gravador 61, 62, 118
Grimório Herbáceo 10, 47, 57, 131, 166, 168, 193, 221
Grupo 11, 13, 64, 67, 77, 101, 110, 119, 144, 233, 234, 248

H

Haleakala 81
Halloween 88, 238
Handfastings 47
Harpa 61, 62
High Magic's Aid 61
Hula 64

I

Imbolc 87, 90, 163, 164, 165, 199, 233, 238
Incensário 49, 82, 84, 85, 153, 156, 159, 163, 167, 168, 170, 172, 173, 189, 197, 208, 225
Iniciação 12, 16, 49, 55, 78, 101, 102, 103, 104, 120, 234

J

Joia 75, 159, 193

K

Kahuna 125

L

Labrys 28, 84, 234
Lammas 92, 234
Lava 207, 208, 209

M

Mabon 92, 171, 173, 200, 234, 238
Mãe Terra 30
Magia 15, 19, 22, 23, 30, 37, 38, 39, 41, 42, 43, 45, 46, 47, 48, 49, 52, 54, 55, 56, 59, 61, 62, 63, 64, 67, 70, 72, 74, 79, 81, 83, 85, 87, 88, 89, 92, 103, 104, 107, 108, 109, 110, 111, 113, 114, 124, 125, 130, 133, 134, 135, 136, 145, 146, 148, 149, 151, 154, 160, 162, 164, 165, 166, 168, 169, 171, 172, 175, 177, 179, 181, 184, 187, 195, 207, 211, 215, 216, 230, 231, 232, 233, 235, 237, 238, 239, 240, 241, 242, 244, 248, 249, 250, 251

N

Nascimento 38, 88, 90, 93, 96, 98, 149, 150, 162, 174, 179, 237
Nudez 71, 72
Nudez ritualística 72

O

O canto da bênção 157
Óleos 38, 135, 190
Oração 22, 37, 132, 179, 234
Oração ao Deus Cornífero 181

P

Pã 26, 27, 90, 180, 181, 204, 233
Páscoa 87
Pedra 54, 75, 79, 81, 84, 123, 137, 144, 150, 151, 153, 155, 156, 157, 207, 208, 209, 210, 211, 235, 239, 240

Q

Quatro pontos cardeais 129, 130, 138, 150, 207, 239

R

Raiz de alcaçuz 48
Reciclagem 119
Reencarnação 21, 22, 50, 95, 98, 99, 175, 240

S

Sabás 73, 87, 88, 89, 94, 124, 132, 158, 173, 184, 190, 199
Sentir 27, 32, 33, 34, 48, 60, 70, 71, 72, 74, 76, 81, 82, 104, 109, 113, 114, 115, 120, 122, 137, 138, 144, 181, 211, 226
Símbolos 26, 28, 30, 41, 48, 51, 52, 54, 65, 75, 76, 110, 122, 159, 167, 215, 229, 235, 238, 244, 250

T

Tambor 61, 62, 63, 118, 124
Terra (elemento) 26, 28, 29, 30, 33, 40, 54, 56, 62, 66, 73, 79, 82, 83, 84, 89, 90, 91, 93, 98, 121, 122, 124, 128, 129, 131, 133, 136, 137, 139, 148, 149, 153, 156, 157, 158, 159, 162, 164, 165, 166, 167, 169, 171, 172, 174, 175, 177, 179, 180, 196, 197, 208, 209, 211, 231, 232, 234, 236, 237, 238
Tipos de, 47, 62, 74, 79, 92, 117, 138, 160, 171, 189, 195, 208, 240

V

Vassoura 45, 46, 47, 84, 126, 127, 150, 198, 230
Velas 32, 33, 39, 52, 55, 64, 65, 74, 81, 82, 85, 89, 90, 110, 117, 125, 135, 136, 137, 139, 150, 152, 158, 159, 161, 163, 164, 165, 167, 168, 170, 172, 173, 197, 207, 216, 225, 226
Verdura jupiteriana 112
Violão 61, 62, 63